운동장엔 없던

스포츠 이야기

교과서에도, 체육 시간에도 없던
청소년 스포츠 교양 수업
운동장엔 없던 스포츠 이야기

1판 1쇄 발행 2026년 2월 12일

지은이 이효성, 장태욱, 주승민
발행인 조상현
마케팅 조정빈　**편집인** B: 사이드 미　**디자인** 페이퍼컷 장상호

발행처 더디퍼런스
등록번호 제2018-000177호
주소 경기도 고양시 덕양구 큰골길 33-170(오금동)
문의 02-712-7927　**팩스** 02-6974-1237
이메일 thedibooks@naver.com　**홈페이지** www.thedifference.co.kr

ISBN 979-11-6125-578-1 43690

더디퍼런스는 다른 시선으로 세상을 담는 책을 만듭니다.

스포츠 이야기

교과서에도,
체육 시간에도 없던

청소년
스포츠 교양 수업

이효성 × 장태욱 × 주승민 지음

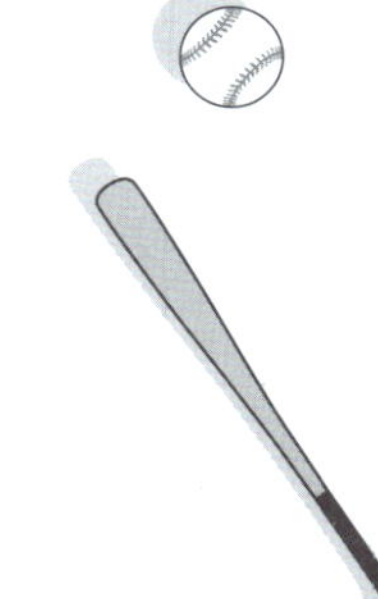

더디퍼런스

운동장은 늘 같은데, 스포츠는 늘 새롭다

체육 시간, 우리는 왜 약속이라도 한 듯 운동장을 시계 반대 방향으로만 돌까요? 테니스공은 왜 하필 선명한 형광 노란색일까요? 축구공을 분명 똑바로 찼는데, 왜 공은 마법처럼 휘어지며 골키퍼를 당황하게 할까요?

우리는 뛰고 차고 던지는 수많은 움직임을 합니다. 하지만 그 움직임 속에 어떤 이유가 숨어 있는지는 좀처럼 묻지 않습니다. "체육은 몸으로 하는 거지, 머리로 하는 게 아니야"라고 생각하며 땀 흘리는 데만 집중해 왔으니까요.

그런데 아이들과 땀을 흘리다 보면, 예상치 못한 질문들이 툭툭 튀어나옵니다.

"선생님, 팔씨름은 무조건 힘센 사람이 이기는 거 아니에요?"

"높이뛰기는 왜 뒤로 넘어요? 무섭게."

"선생님, 운동하면 왜 당일보다 다음 날이 더 아파요?"

그 질문들 앞에서 저는 잠시 멈춰 서게 됩니다. 그리고 깨닫습

운동장엔
없던
스포츠
이야기

니다. 운동장은 늘 같은 자리에 그대로 있지만, 그 안에서 펼쳐지는 스포츠는 결코 같은 모습이 아니라는 것을요.

이 책은 바로 그 '사소한 왜?'에서 시작되었습니다. 스포츠는 단순한 힘겨루기가 아닙니다. 공 하나, 동작 하나에는 중력과 마찰력을 활용하는 과학이 있고, 근육과 뼈의 조화를 이용하는 몸의 원리가 있으며, 한계를 넘어서려는 인간의 마음이 녹아 있습니다.

어려운 공식이나 복잡한 전문 용어는 잠시 접어 두어도 좋습니다. 이 책은 이론을 단조롭게 나열하는 대신, "아, 그래서 그랬구나!" 하고 무릎을 탁 치게 만드는 흥미로운 뒷이야기들을 들려주려 합니다.

운동을 잘하지 못해도 괜찮습니다. 중요한 건, 내 몸의 움직임을 한 번쯤 이해해 보려는 마음입니다. 몸을 쓰는 일과 생각하는 일이 하나로 연결될 때, 스포츠는 이전보다 훨씬 입체적이고 짜릿한 경험이 됩니다.

이제 다시 운동장을 바라보세요. 어제와 똑같은 공간, 똑같은 공, 똑같은 동작이지만, 이 책의 마지막 장을 덮을 때쯤 여러분의 운동장은 이전과 완전히 다르게 보일 것입니다.

자, 이제 새로운 스포츠의 세계로 함께 달려가 볼까요?

CONTENTS

프롤로그
운동장은 늘 같은데, 스포츠는 늘 새롭다

004

ROUND 1

움직임에는 이유가 있다

팔씨름, 힘만 세면
이길까?
비밀 기술을
알려 줄게

012

줄다리기의
숨겨진 과학
줄다리기도
기술이 필요하다고?

015

운동장의 비밀
우리는 왜
반시계 방향으로
돌까?

019

공 색깔에
숨겨진
반전 이야기

023

높이뛰기는
왜
뒤로 넘을까?

027

왜 무회전 슛은
골키퍼가
막기
힘들까?

031

ROUND 2

운동할 때 근육에서는 무슨 일이 일어날까?

지연성 근통증DOMS
왜 운동하면
하루 뒤에
더 아플까?

038

100m의
비밀
왜 그들은
빠른가

042

남자 vs. 여자,
힘의
비밀을
밝혀라

046

쥐와의
한판 승부
근육 경련
이기는 법

049

ROUND 3

운동할 때 머릿속에서는 무슨 일이 일어날까?

루틴의 힘
선수는 왜 늘
같은
동작을 할까?

054

러너스 하이,
달리기가 가져다 주는
신비로운
행복의 비밀

058

운동하다 포기하고
싶을 때
다시 힘이 나는 이유:
세컨드 윈드

062

야구공이
느리게 보인다고?
그 비밀은
동체시력!

066

ROUND 4

세계는 왜 이렇게 다르게 뛸까?

무술의 지구 여행
각 대륙의
숨겨진 전통을
만나다 ①

072

무술의 지구 여행
각 대륙의
숨겨진 전통을
만나다 ②

079

같은 듯 다른
두 쌍
럭비와 미식축구,
요가와 필라테스

084

나라마다
다르다?
스포츠 취향의
비밀

091

인간의 한계
알수록
놀라운
스포츠 신기록

101

ROUND 5

룰을 알면 경기가 보인다

룰 밖의 룰
스포츠의
보이지 않는
약속들

108

0.3점의 인사
인사 한 번에
사라진
금메달

112

알쏭달쏭
헷갈리는
스포츠 규칙
①

114

알쏭달쏭
헷갈리는
스포츠 규칙
②

118

관중의 함성
스포츠
규정을
바꾸다!

121

야구가
처음이라면
꼭 읽어야 할
이야기

125

ROUND 6

운동만큼 중요한 건 '나를 돌보는 습관'

세계가
인정한 몸도
'비만'
이라고요?

132

살과 다이어트
왜 찌고
어떻게
빼야 할까?

137

비만에 관해
뭐든지 물어보세요!
우리가 몰랐던
비만의 모든 것

141

왜 피가
끈적해지면
위험한 걸까?
대사증후군 이야기

146

에너지 음료,
실제로
운동 능력을
향상시킬까

150

스포츠를
병들게 한
약물과
그 대가

154

뻣뻣한 몸과 작별!
유연성이
알려 주는
건강 비밀

157

ROUND 7

인류의 경기, 시대의 축제

도시는 어떻게
올림픽을
여는
걸까?

162

성화 봉송부터
나라별 입장까지
올림픽 개막식 속
숨은 이야기

166

고대 올림픽의 역사
올림픽,
운동이 아니라
제사였다고?

171

심판을 차고,
성화를 태우고…
올림픽의
숨겨진 장면들

174

다르지만
대등하게,
패럴림픽을
말하다

179

한 걸음마다
전해지는
역사 마라톤이
들려주는 이야기

184

ROUND 8

변화하는 스포츠, 변하지 않는 열정

스포츠가
환경을
파괴한다고?

190

로봇과
스포츠의
만남

194

엘리트 체육,
계속
이렇게 가도
될까?

197

스포츠 팬덤 이야기
당신의 열정을
응원 문화로
이어 가는 법!

201

축구, 농구, 야구
뭐가
더 힘들까?

205

기록의 주인은
누구일까?
사람인가,
기술인가

208

운동과 영양,
단백질 섭취는
무조건
옳을까?

212

미주

216

움직임에는 이유가 있다

ROUND 1

팔씨름, 힘만 세면 이길까? 비밀 기술을 알려 줄게

팔씨름은 두 사람이 마주 보고 손을 맞잡은 뒤 심판의 시작 신호에 맞춰 상대 손을 바닥 쪽으로 꺾어 누르는 경기예요. 비싼 장비가 없어도 언제 어디서든 할 수 있어서 전 세계 남녀노소 누구나 즐길 수 있죠. 의외로 팔씨름의 역사는 그렇게 길지 않은데, 1977년에 세계팔씨름연맹WAF이 만들어지면서 경기 규칙도 정해지고 기술도 계속 발전해 왔어요. 대부분 학생들은 팔씨름을 할 때 그냥 힘만 써서 누가 더 세나 겨루기만 하지, 그 안에 어떤 원리나 기술이 있는지는 잘 모르잖아요? 그런데 팔씨름도 알고 보면 꽤 과학적이고 전략적인 스포츠라서 조금만 원리를 알면 훨씬 더 재미있게 즐길 수 있답니다.

팔씨름은 당연히 팔 힘이 중요한 운동이에요. 하지만 **기술을 잘 사용하면 힘만으로 승부했을 때보다 20% 정도는 더 유리해질 수 있어요. 실제로 팔씨름에는 훅**hook**, 탑롤**toproll**, 프레스**press**라는 대표적인 세 가지 기술이 있어요.**

훅은 팔씨름을 따로 배우지 않은 사람도 자연스럽게 쓰는 기술로, 상대 손목을 내 쪽으로 확 잡아당겨서 팔이 쭉 펴지게 만드는 거예요. 그러면 상대 손목이 꺾여서 힘을 쓰기 어렵기 때문에 쉽게 이길 수 있죠. 친구들끼리 팔씨름할 때 "손목 꺾지 마!" 하고 농담처럼 말하는 거, 그냥 하는 소리가 아니에요.

탑롤은 손가락을 공격하는 기술이에요. 사실 우리 몸에서 손가락은 가장 약한 부위 중 하나라서, 탑롤은 팔씨름 기술 중에서도 가장 날카로운 무기 같다고 할 수 있어요. 손목을 뒤로 살짝 세우면서 상대 손가락이 펴지게 만들고, 그 순간 확 힘을 주면 상대 손목이 반대로 꺾이면서 팔까지 무너져 버리죠.

프레스는 훅처럼 손목을 깊게 말아 잡은 뒤 어깨를 앞으로 쭉 밀어 넣어서 몸을 최대한 가깝게 붙인 상태에서 체중까지 실어 상대 팔을 눌러 버리는 기술이에요. 순수한 팔 힘에 몸무게까지 더해지니 훨씬 강력한 압박을 줄 수 있겠죠?

사실 이렇게 글로만 보면 "이게 뭐야, 도저히 감이 안 오는데?" 할 수도 있어요. 팔씨름은 실제로 손을 맞잡고 해 보면서 몸으로 익히는 게 제일 좋아요. 그래도 바로 경기에서 써먹을 수 있는 간단한 팁이 있으니 알려 줄게요.

먼저 손을 어떻게 잡느냐, 즉 그립이 아주 중요해요. 상대의 엄지손가락 위쪽을 잡고 나머지 네 손가락으로 상대 손등을 넓게 감싸 주세요. 그 상태에서 손을 내 턱 쪽으로 당기면 상대의 손가락은 압박을 받아서 불리해지고, 나는 훨씬 유리한 자세에서 경

판을 뒤집는 그립의 기술

기를 시작할 수 있어요. 게다가 상대 팔꿈치가 조금 펴져서 힘을 쓰기가 더 어려워져요. 그리고 팔만 쓰려고 하지 말고 몸도 같이 움직여 보세요. 팔꿈치를 고정한 상태에서 몸을 살짝 옆으로 돌리거나 앞으로 기울이면서 체중을 팔에 실어 준다는 느낌으로 하면, 힘을 훨씬 덜 들이면서도 더 큰 힘을 발휘할 수 있을 거예요.

팔씨름 경기력에 영향을 주는 요인은 이런 기술들 외에도 정말 많아요. 근력과 지구력, 순간적인 반사신경, 그리고 누가 더 침착하게 경기를 이어 가는지도 아주 중요하죠. 다음에는 이런 것들까지 더 깊게 알아보면 좋을 것 같아요. 어때요, 다음에 친구들이랑 팔씨름할 때 한번 써 보고 싶지 않나요?

줄다리기의 숨겨진 과학
줄다리기도 기술이 필요하다고?

5월이 되면 학교는 체육 대회 준비로 분주해져요. 우승을 위해 친구들과 힘을 합쳐 열심히 연습하고, 다른 반과 경쟁하며 한층 더 가까워지기도 하죠. 체육 대회 하면 보통 이어달리기를 떠올리지만, 그 못지않게 빠질 수 없는 종목이 있어요. 바로 줄다리기예요.

우리나라 전통놀이처럼 느껴지는 줄다리기가 사실 과거에는 전 세계 나라들이 모여 겨루는 올림픽 정식 종목이었다는 걸 알고 있었나요? 줄다리기는 1900년 제2회 파리 올림픽에서 처음 정식 종목으로 채택돼, 1920년 제7회 앤트워프 올림픽까지 계속 올림픽 종목이었어요. 당시에는 5명이 한 팀을 이루어 3판 2선승제로 경기를 했고, 세트당 경기 시간은 5분이었죠.

체육 대회에서처럼 단순히 끌기만 한 것이 아니라, 시작 후 줄을 약 6피트(183cm) 이상 먼저 당기는 팀이 승리했어요. 그러나 어떤 신발을 신어야 하는지에 대한 규정도 제대로 마련되어 있지 않은 허술한 규칙 때문에 국가 간 갈등이 생기기도 했답니다. 이로 인해 줄다리기는 결국 제7회 앤트워프 올림픽을 끝으로 올림픽 역사에서 사라지게 되었어요.

"두 발은 11자로 똑바로 놔. 줄은 겨드랑이에 끼고, 그래야 힘을 제대로 받을 수가 있어. 마지막으로 이게 제일 중요한 건데, 신호가 울리고 처음 10초는 그냥 버티는 거야. 아랫배를 하늘로 쭉 밀어 올리고 힘껏 젖혀. 그러면 웬만해선 안 끌려가."

과거 올림픽 정식 종목이었던 줄다리기는 전 세계를 사로잡은 넷플릭스 시리즈 〈오징어 게임〉의 세 번째 게임에서도 등장해요. 이때 오일남 할아버지는 과거 줄다리기에서 이긴 기억을 떠올리며 팀원들에게 줄다리기에서 이길 수 있는 방법을 알려 주죠. 할아버지가 말한 노하우 중 가장 중요한 건 **두 발을 11자로 하고, 줄은 겨드랑이에 낀 뒤 몸을 뒤로 젖혀 당기는 거였어요**. 이 비법을 전수받은 팀원들은 최선을 다해 결국 세 번째 게임에서 승리하게 됩니다. 과연 오일남 할아버지가 말한 줄다리기 비법은 과학적으로도 타당한 방법이었을까요?

가장 중요한 방법인 몸을 뒤로 최대한 젖히는 것은 무게중심을 낮추는 데 도움이 돼요. 그렇다면 무게중심을 낮추면 어떤 점에서 유리해질까요?

다음 그림을 보면 각기 다른 무게중심을 가진 세 개의 막대가 있어요. 이 세 막대의 가장 윗부분을 오른쪽으로 민다고 가정하면, 어떤 막대가 가장 넘어뜨리기 어려울까요?

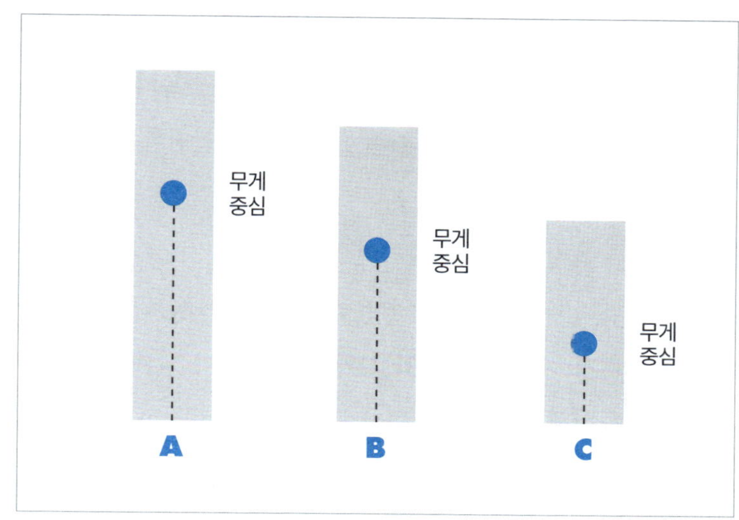

무게중심의 위치에 따라 안정성이 달라진다.

잘 모르겠다면 직접 몸으로 실험해 보세요. 서 있을 때, 무릎을 반쯤 굽혔을 때, 그리고 완전히 앉은 자세일 때 친구가 옆에서 밀어 보면 어떤 자세가 옆으로 넘어가지 않고 가장 잘 버티는지 알 수 있을 거예요. 정답은 당연히 C, 무게중심이 낮은 자세겠죠. 이처럼 오일남 할아버지의 비법은 무게중심을 낮춰 상대방의 힘에도 중심을 잃지 않고 쉽게 딸려 가지 않기 위한 것이었답니다.

그럼, 줄다리기에서 다리를 11자로 두는 이유는 무엇일까요? 몸의 중심을 안정적으로 유지해 좌우로 흔들리는 것을 줄이고, 당기는 힘을 뒤쪽으로 곧게 전달해 우리 팀이 힘을 더 잘 모을 수 있게 하기 위해서예요. 발끝이 틀어지면 힘이 옆으로 새고 미끄러질 위험도 커지지만, 11자 자세는 지면과의 마찰을 일정하게 만들어 미끄러짐을 방지해 줘요. 또한 무릎과 발목의 비틀림을 줄여 부상을 예방할 수 있어 가장 효율적이고 안전한 기본 자세예요.

프랑스의 심리학자 맥시밀리언 링겔만Maximilien Ringelmann은 여러 명이 모인 집단에서 개인이 얼마나 힘을 내는지 알아보기 위해 줄다리기 실험을 했어요. 실험 결과, 2명이 함께 줄다리기를 할 때 한 사람이 발휘하는 힘은 자신의 힘의 93%였지만, 3명이 되면 85%로 줄었고, 인원이 늘어날수록 개인이 내는 힘은 점점 더 줄어들었죠.[1] 사람이 많아지면 책임감이 줄어들어 '나 하나쯤이야'라는 생각이 들기 때문이에요. 줄다리기에서 오일남 할아버지가 알려 준 자세도 중요하지만, '나 하나쯤이야' 하는 마음을 버리고 모두가 최선을 다한다면 훨씬 더 좋은 결과를 얻을 수 있겠죠?

'나 하나쯤이야'라는 생각은 집단의 질서를 흔들고, 더 나아가 교통 문제, 환경 문제 등 다양한 문제를 불러오기도 해요. 줄다리기에서뿐만 아니라 나의 사소한 행동이 나중에는 큰 문제를 야기할 수도 있다는 점을 꼭 기억했으면 좋겠어요.

운동장의 비밀
우리는 왜 반시계 방향으로 돌까?

체육 시간, 준비운동으로 운동장 뛸 때를 떠올려 보세요. 선생님이 "오른쪽으로 돌아!" 하고 따로 말하지 않아도, 우리 모두 자연스럽게 같은 방향으로 달려요. 가만 보면 항상 반시계 방향으로 돌고 있죠. 신기하지 않나요?

사실 이런 패턴은 체육 시간에 준비운동할 때만 나타나는 특징은 아니에요. 육상, 빙상, 사이클, 심지어 야구 같은 종목들도 모두 트랙이나 경기장을 반시계 방향으로 돌고 있어요. 심지어 서울의 벚꽃 명소인 석촌 호수 산책길도 반시계 방향으로 걷도록 화살표가 그려져 있답니다. 도대체 왜 이렇게 우리는 반시계 방향으로 도는 게 익숙한 걸까요?

놀랍게도 처음부터 이렇게 달린 건 아니에요. 1896년에 열린 제1회 아테네 하계올림픽에서는 육상 선수들이 시계 방향으로 트랙을 돌았대요. 그런데 경기가 끝난 뒤 선수들이 "달리기 너무 불편해요"라고 불평을 쏟아 냈어요. 그래서 국제올림픽위원회

(IOC)는 1912년부터 아예 규칙으로 정했죠. 그 이후로 세계 모든 육상 경기는 지금처럼 반시계 방향으로 달리게 되었답니다. 그런데 왜 하필 반시계 방향으로 규칙을 정한 걸까요?

1. 오른손잡이가 많아서?

가장 많이 언급되는 이유는 대부분의 사람들이 오른손잡이이기 때문이에요. 전 세계 사람들 중 약 90%가 오른손잡이인데, 이들은 자연스럽게 오른발과 오른쪽 근육도 더 발달해 있죠.

트랙을 반시계 방향으로 돌면 몸은 곡선을 따라 가기 위해 안쪽, 즉 왼쪽으로 기울게 되고, 바깥쪽의 오른발과 오른쪽 다리는 더 크게 움직여야 해요. 그러니까 오른발과 오른쪽 다리가 강할수록 이런 움직임이 훨씬 유리하다는 뜻이죠.

2. 심장이 왼쪽에 있어서?

또 하나 재미로 많이 하는 이야기가 있어요. 바로 심장의 위치 때문이라는 설이에요. 우리 심장은 몸의 왼쪽 가슴 쪽에 조금 더 치우쳐 있잖아요. 그래서 운동장에서 달리면 원심력 때문에 몸이 바깥으로 밀리려 할 때, 심장이 왼쪽에 있어서 중심을 잡는 데 도움이 된다고들 말하곤 해요. 물론 이건 과학적으로 증명된 사실은 아니에요. 그냥 "심장이 왼쪽에 있으니까 왼쪽으로 돌 때 더 안정적일지도 몰라!" 하고 가볍게 웃으며 이야기하는 정도죠. 그러니, 이런 이야기도 있구나 하고 재미로 들어 보면 좋겠죠?

3. 상상만 해도 기분이 다르다?

최근에는 뇌파를 측정하는 실험도 있었어요. '심상 실험'[2]이라고 해서 실제로 달리지는 않고, 반시계와 시계 방향으로 운동장을 도는 모습을 상상하게 한 뒤, 그때 뇌가 어떻게 반응하는지 살펴본 거죠.

그 결과가 흥미로웠어요. 반시계 방향으로 달리는 모습을 상상할 때는 사람들의 뇌에서 긍정적인 반응이 활발히 일어났대요. 반면 시계 방향으로 상상할 때는 오히려 불안하거나 부정적인 감정을 더 많이 느꼈다고 해요. 우리 뇌가 반시계 방향을 '편하다', '좋다'라고 받아들이는 걸까요?

4. 뇌 구조 때문일 수도?

마지막으로 뇌과학 이론도 있어요. 사람의 뇌는 좌뇌와 우뇌로 나눌 수 있는데, 각 뇌는 몸의 반대쪽 움직임을 담당해요. 즉 좌뇌는 몸의 오른쪽을, 우뇌는 왼쪽을 주로 조절하죠. 그런데 우뇌가 공간을 지각하는 능력이 더 뛰어나다고 해요. 그래서 왼쪽 눈과 연결된 우뇌 덕분에 반시계 방향으로 달릴 때 더 자연스럽게 공간을 인식하고 달릴 수 있다는 거예요.

여러분은 어떤 이유가 가장 그럴싸하다고 생각하나요? 오른손잡이 때문이라는 설, 심장 위치 설, 기분과 뇌파 실험, 뇌과학 설까지 여러 가지 이야기를 들어 봤는데요. 사실 이 중 딱 하나만 맞다고 할 수는 없을 거예요. 여러 이유가 복합적으로 작용해서 우리가 반시계 방향으로 도는 게 자연스러워졌을지도 모르죠.

그렇다면 혹시 다른 이유는 없을까요? 예를 들어 자동차가 도로를 주행할 때도 나라별로 오른쪽, 왼쪽 주행 방향이 다르듯이, 달리는 방향도 문화에 따라 달라질 수 있지 않을까요? 여러분도 한번 친구들과 이야기를 나눠 보세요. 혹시 더 재미있는 이유를 생각해 낸다면 그것도 꼭 들려주세요!

공 색깔에 숨겨진
반전 이야기

스포츠 경기를 보다 보면 선수들의 멋진 움직임이 가장 눈에 띄지만, 사실 그 뒤에는 우리가 잘 눈치채지 못하는 작은 요소에도 과학과 배려가 숨어 있답니다. 그중 대표적인 것이 바로 공의 색깔이에요. 우리는 너무나 당연하게 테니스공은 형광 노란색, 농구공은 주황색, 탁구공은 흰색이라고 생각하지만, 이런 색깔들이 그냥 보기 좋으라고 정해진 건 아니랍니다. 오히려 오랜 역사와 실험, 그리고 관중과 선수들을 위한 세심한 배려 끝에 지금의 색깔이 선택된 것이죠. 그렇다면 스포츠 종목별로 사용하는 공은 왜 이런 색을 띠게 되었을까요?

테니스공은 왜 형광 노란색일까?

한때 귀족들만 즐길 수 있었던 테니스는 이제 누구나 쉽게 접할 수 있는 스포츠가 되었어요. 역사가 오래된 만큼 테니스공도 처음에는 지금과는 다른 색이었답니다.

초기에는 주로 흰색과 같은 밝은색 테니스공이 사용되었어요. 귀족들은 잔디밭에서 경기를 했기 때문에 이런 밝은색 공도 크게 불편하지 않았죠. 하지만 시대가 바뀌고 TV가 보급되면서 문제가 생겼어요. 특히 1960년대 컬러 TV 방송이 시작되면서 흰색 테니스공이 경기 코트의 흰 라인과 잘 구분되지 않았던 거예요. 화면으로 볼 때 공이 어디 있는지 헷갈리니 경기를 지켜보는 재미도 반감될 수밖에 없었죠.

그래서 선수들도, 관중들도 더 잘 보이는 공을 찾기 시작했어요. 그렇게 여러 실험을 거친 끝에 형광 노란색, 정확히는 옵틱 옐로우optic yellow라는 색이 테니스공으로 채택되었답니다. 1972년부터 공식적으로 이 색을 사용하게 되었죠. 이 색은 화면에서 눈에 잘 띄어 관중들이 공의 움직임을 훨씬 쉽게 따라갈 수 있게 해 줬어요. 작은 색깔의 변화만으로도 경기 관람의 즐거움이 이렇게 크게 달라질 수 있다니 신기하지 않나요?

농구공은 왜 주황색일까?

우리 주변에서 가장 쉽게 접할 수 있는 스포츠 중 하나가 농구예요. 동네 공원 농구장만 가도 많은 사람들이 주황색 농구공을 들고 슛을 넣으며 놀고 있죠. 그런데 가만히 보면 농구공은 거의 다 주황색이에요. 물론 여러 색이 섞인 공도 있지만, 공식 경기에서 쓰이는 공은 대부분 주황색이에요. 왜 그럴까요?

농구공 색깔은 단순히 보기 좋아서 정해진 게 아니에요. 대한 농구협회 경기 규칙에도 "농구공은 국제농구연맹FIBA이 승인한 어두운 오렌지색 또는 밝은 갈색 공이어야 한다"라고 나와 있어요. 이건 과학적인 이유 때문이에요.

농구는 주로 실내에서 조명을 켜고 경기하기 때문에 공이 빛을 많이 받게 돼요. 만약 공이 흰색이라면 조명을 받아 너무 반짝여서 눈이 쉽게 피로해지고 집중하기 어려워요. 하지만 주황색은 빛 반사가 적어서 눈의 피로를 줄여 주죠. 또 농구코트 색깔과 어느 정도 비슷하면서도 공이 잘 구별되어서 정식 농구 경기는 주황색 공을 사용하는 것이 가장 적합하다고 합니다.

탁구공은 왜 흰색만 쓸까?

선수들은 왜 흰색 유니폼을 입지 않을까?

예전에는 상황에 따라 흰색과 주황색 두 가지 색의 탁구공을 사용했어요. 조명이 밝거나 테이블(탁구대)이 어두운 색이면 흰 공을, 바닥이나 주변 환경이 밝으면 주황색 공을 쓰는 식이었죠.

그런데 최근에는 거의 흰색 공만 사용하고 있어요. 왜냐하면 국제탁구연맹ITTF에서 주최하는 주요 대회에서는 표준화된 짙은 파란색 탁구대를 사용해서, 흰 공이 훨씬 잘 보이기 때문이에요. 또 고화질 TV 화면에서 흰색 공이 더 깨끗하고 선명하게 보이는 이유도 커요. 그래서 이제 세계 대회나 올림픽 같은 곳에서는 주황색 공을 보기 어렵게 되었답니다.

그러다 보니 자연스럽게 선수들의 유니폼에도 규칙이 생겼어요. 탁구 경기 규칙에는 공과 같은 색의 옷을 입으면 안 된다고 정해져 있어요. 만약 선수가 흰색 티셔츠를 입고 흰색 공을 치면, 상대 선수나 관중들이 공을 제대로 구분하기 힘들겠죠? 그래서 요즘은 선수들이 검정, 빨강, 파랑과 같은 옷을 입고 경기에 나서는 거예요.

테니스, 농구, 탁구처럼 우리가 당연히 보아 온 공 색깔에도 모두 과학적 이유와 배려가 숨어 있다는 게 정말 흥미롭지 않나요? 다음에 경기를 볼 때 공 색깔이 왜 저럴까 한 번쯤 다시 생각해 보세요. 그 작은 궁금증이 스포츠를 훨씬 더 재미있게 만들어 줄 거예요!

더 알아볼까요—

3대3 농구는 왜 공 색깔이 다를까?

실내 농구공은 실내 조명 아래에서 가장 잘 보이도록 전통적으로 주황색을 사용하지만, 3대3 농구공은 실내·외를 모두 활용하는 경기 특성상 어디서나 눈에 잘 띄는 노랑·파랑의 강한 대비 색상을 적용해요. 또한 국제농구연맹FIBA이 3대3을 기존 농구와 차별화된 종목으로 만들기 위해 노랑·파랑 조합을 공식 공 색으로 규정하면서 두 공의 색깔에는 경기 환경과 종목 정체성의 차이가 반영되어 있어요.

높이뛰기는 왜 뒤로 넘을까?

트랙 위를 웃으면서 달리던 한 선수가 있었어요. 그는 마지막 도약에서 마치 새처럼 몸을 날리며 235cm라는 믿기 힘든 높이를 넘었죠. 높이뛰기 바가 흔들렸지만 끝내 떨어지지 않았을 때 온 나라가 들썩였어요. 올림픽에서 한국 신기록이 세워지는 순간이었기 때문이죠. 그 주인공은 바로 우상혁 선수예요. 그는 어릴 적 교통사고로 오른쪽 다리를 다쳐 50바늘이나 꿰매는 수술을 받았고, 그 영향으로 두 발의 사이즈가 다르다고 해요. 하지만 이런 어려움을 이겨 내고 올림픽이란 무대에서 빛난 그의 모습은 정말 멋지지 않나요? 우상혁 선수의 경기를 본 몇몇 학생들이 이렇게 물었어요.

"선생님, 왜 높이뛰기를 할 때 다들 뒤로 넘어요?"

높이뛰기 경기를 보면 선수들이 하나같이 등을 뒤로 젖히며 바를 넘죠. 왜 뒤로 넘을까요? 답은 간단해요. 더 높이 뛸 수 있기 때문이에요!

①가위뛰기scissors jump　　　　　: 두 다리를 교차하며 넘는 방법
②웨스턴 롤western roll　　　　　: 옆으로 몸을 기울여 바를 넘는 방법
③스트래들 점프straddle jump　　: 바를 배 쪽으로 끌어안듯 넘는 방법
④배면뛰기fosbury flop　　　　　: 등을 뒤로 젖히며 머리부터 넘는 방법

현대적인 높이뛰기는 19세기 영국과 스코틀랜드에서 본격적으로 발전하기 시작했어요. 사람들은 이때부터 더 높이 뛰기 위한 여러 가지 방법을 만들어 냈어요.

뒤로 넘는 배면뛰기가 등장하기 전에는 가위뛰기, 웨스턴 롤, 스트래들 점프 방식이 사용됐어요. 하지만 이러한 기술들은 신체가 거의 수직에 가깝게 바를 넘어야 해서 많은 힘을 사용하게 돼죠. 그래서 미국의 딕 포스베리Dick Fosbury라는 선수는 기계체조 선수가 도마에서 뒤로 공중돌기 하는 동작에서 아이디어를 얻었고, 수많은 연구와 노력 끝에 배면뛰기라는 기술을 만들었어요. 이 기술로 그는 1968년 멕시코 올림픽 금메달까지 받게 됩니다! 그때부터 전 세계 높이뛰기 선수들이 이 기술을 따라 하기 시작했고, 지금은 배면뛰기가 표준 기술이 되었죠. 그래서 이 동작을

● 높이뛰기 바bar　　▲ 무게중심
배면뛰기를 했을 때 높이뛰기 바와 무게중심의 위치

그의 이름을 따서 '포스베리 플롭'이라고 불러요.

배면뛰기가 다른 동작보다 더 높이 뛸 수 있는 이유는 무게중심에 있어요. 몸은 바 위에 있지만 무게중심은 바 아래로 지나가게 만들기 때문에, 배면뛰기는 다른 어떤 기술보다 높은 기록을 만들 수 있는 최고의 방법이에요.

배면뛰기를 할 때 선수의 몸은 역 U자처럼 뒤로 크게 휘어져요. 이렇게 몸이 휘면 무게중심이 몸 안쪽이 아니라 바깥쪽, 즉 더 낮은 위치로 이동하죠. 이건 다른 어떤 기술에서도 절대 불가능한 부분이에요. 높이뛰기는 오랜 시간 동안 더 높이 뛰기 위한 인간의 도전에서 발전해 왔어요. 그 과정에서 딕 포스베리가 만든 배면뛰기는 혁신적인 전환점이 되었죠.

　우상혁 선수처럼 멋지게 높이뛰기를 하고 싶나요? 그렇다면 배면뛰기의 원리와 자세를 이해하고 도전해 보는 건 어때요? 어쩌면 여러분 중에도 제2의 우상혁 선수가 될 사람이 있을지도 몰라요!

왜 **무회전 슛**은
골키퍼가 막기 힘들까?

여러분은 축구 경기에서 손흥민 선수의 멋진 골을 본 적이 있나요? 2022년 카타르 월드컵 아시아 최종 예선에서 정말 인상적인 장면이 있었어요. 전반전이 거의 끝나 갈 무렵, 손흥민 선수가 강하게 찬 공이 골키퍼의 정면으로 날아갔는데요. 그 공이 그대로 골대 안으로 빨려 들어갔죠. 많은 사람들이 "정면인데 왜 못 막아?" 하고 고개를 갸웃했어요. 그런데 그건 단순한 슛이 아니라, 바로 '무회전 슛'이었답니다.

무회전 슛은 공에 의도적으로 회전을 최소화해 차는 슛으로, 공이 회전하지 않거나 아주 미세한 회전만 하며 날아가는 것이 특징이에요. 겉보기에는 단순해 보여도 실제로는 공이 예측 불가능하게 흔들려서 골키퍼가 막기 정말 어렵죠. 게다가 공을 찬 선수조차 공이 어디로 튈지 확실히 알 수 없어요. 그렇다면 왜 무회전 슛은 이렇게 이상하게 움직일까요? 그 비밀은 '공기'에 있어요.

무회전 킥과 회전 킥을 겸비한 판타지스타 델피에로
©Hossien Heidarpour

공이 빠르게 날아가면 뒤쪽에 작은 소용돌이가 생겨요. 이 소용돌이는 공을 좌우로 흔들리게 만드는 힘이에요. 이 현상을 발견한 과학자의 이름을 따서 '카르만의 소용돌이'라고 불러요. 이 소용돌이는 공기의 흐름에 따라 한쪽이 세게 생기기도 하고, 반대쪽이 세게 생기기도 해서 공이 이리저리 흔들려요. 날씨나 습도 같은 환경 변화에 따라 흔들림이 달라져서 공의 움직임을 예측하기 어렵죠. 이런 이유로 골키퍼가 슛의 방향을 정확히 읽기 힘든 거예요.

강한 바람에 펄럭이는 깃발을 생각해 보면 좀 더 쉽게 이해될 것 같아요. 깃발이 요동치는 것처럼 공 뒤에도 이런 소용돌이가 생겨서 공이 흔들리며 날아가는 거예요. 그래서 무회전 슛은 마치 마법처럼 궤적이 불규칙하게 바뀌는 거예요.

반대로 공에 일부러 회전을 넣어서 차는 경우도 있어요. 여기에도 신기한 과학이 숨어 있어요. 가장 유명한 예시 중 하나는 1997년 프랑스에서 열린 한 경기에서 브라질의 호베르투 카를루스 선수가 찬 프리킥이에요. 공은 골대 오른쪽으로 향하는 듯했지만, 갑자기 왼쪽으로 휘어지더니 골이 되었어요. 당시 골키퍼는 "공이 마치 UFO처럼 움직였다"라고 말했어요. 그래서 이 슛에는 'UFO 슛'이라는 별명이 붙었죠.

왜 공은 그렇게 휘었을까요? 이건 '마그누스 효과' 때문이에요. 회전하는 공은 공기 속에서 마치 미끄럼틀을 타듯 휘게 돼요. 공이 회전하면서 앞으로 나아가면, 공의 한쪽 면은 공기와 같은 방향으로 회전하고, 다른 쪽은 반대 방향으로 움직여요. 공기와 같은 쪽은 공기 흐름이 빨라져 압력이 낮아지고, 반대쪽은 흐름이 느려져 압력이 높아져요. 그러면 공은 압력이 높은 쪽에서 낮은 쪽으로 밀려서 휘는 거예요. 이런 과학적인 원리로 회전하는 공은 공기 속에서 마치 미끄럼틀을 타듯 휘게 돼요.

이 현상을 좀 더 쉽게 이해하려면, 비행기 날개를 예로 들어 볼 수 있어요. 먼저 비행기를 생각해 봐요. 비행기 날개는 위쪽이 둥글고 아래쪽은 평평한 모양이에요. 비행기가 앞으로 나아가면 날개 위쪽을 지나는 공기는 더 빠르게 흐르고, 아래쪽은 느리게 흐르죠. 그러면 빠르게 흐르는 쪽은 압력이 낮아지고, 느리게 흐르는 쪽은 압력이 높아져요. 결국 압력의 차이 때문에 비행기는 아래에서 위로 뜨는 힘을 받게 되는 거예요. 회전하는 공도 이와 비슷해요.

그렇다면 무회전 슛과 회전이 들어간 슛 중에 어떤 게 더 막기 어려울까요? 회전이 들어간 슛은 어느 정도 궤적을 예측할 수 있어요. 휘는 방향이 정해져 있기 때문이죠. 하지만 무회전 슛은 완전히 달라요. 언제, 어디로, 얼마나 흔들릴지 아무도 몰라요. 그래서 골키퍼 입장에서는 정말 까다롭고, 순식간에 실점으로 이어질 수 있는 슛이에요.

이제 여러분은 축구에서 공 하나가 움직이는 데에도 이렇게 많은 과학이 숨어 있다는 걸 알게 되었어요. 무심코 지나쳤던 골 장면 하나에도 '카르만의 소용돌이'와 '마그누스 효과'라는 과학 원리가 숨어 있었던 거죠. 다음에 축구 경기를 볼 때 손흥민 선수의 무회전 슛이나 프리킥 장면이 나오면, 이제는 단순히 "멋지다!" 하고 끝나는 게 아니라 "저건 마그누스 효과네!", "저건 카르만 소용돌이 때문이야!" 하고 과학 상식까지 생각할 수 있을 거예요.

축구는 단순히 공을 차는 게임이 아니에요. 물리학, 공기 흐름, 압력의 차이, 습도, 바람, 회전이 함께 어우러져 만들어 내는 아주 복잡하고 신기한 스포츠예요. 운동과 과학이 만나면 이렇게 멋진 장면이 탄생하니, 운동을 좋아하는 친구들도 과학에 관심을 가지면 훨씬 더 재미있는 세상이 보일 거예요!

운동할 때 근육에서는 무슨 일이 일어날까?

ROUND 2

지연성 근통증 DOMS
왜 운동하면 하루 뒤에 더 아플까?

운동을 하고 나서는 멀쩡했는데, 하루나 이틀 뒤에 자고 일어나 보니 온몸이 욱신욱신 아팠던 기억이 있나요? 이렇게 운동을 한 뒤 조금 지나서야 찾아오는 통증을 전문 용어로는 지연성 근통증DOMS(Delayed Onset Muscle Soreness)이라고 해요. 보통 과도한 운동을 하거나 평소와는 다른 낯선 동작을 했을 때 이런 통증이 나타나요. 운동 직후에는 별 느낌이 없다가, 대개 12시간에서 48시간 사이에 통증이 가장 심해지고, 보통 5~7일 정도 지나면 원래 상태로 돌아오죠.

사실 가장 궁금한 건 이겁니다.

"근육통이 있어도 운동을 계속해도 될까?"

이 질문에 답하려면 먼저 근육이 어떻게 성장하는지 알아야 해요.

운동을 하면 근육에는 아주 작은, 미세한 손상이 생겨요. "손상? 그럼 나쁜 거 아닌가요?" 하고 걱정할 수도 있지만, 이 정도

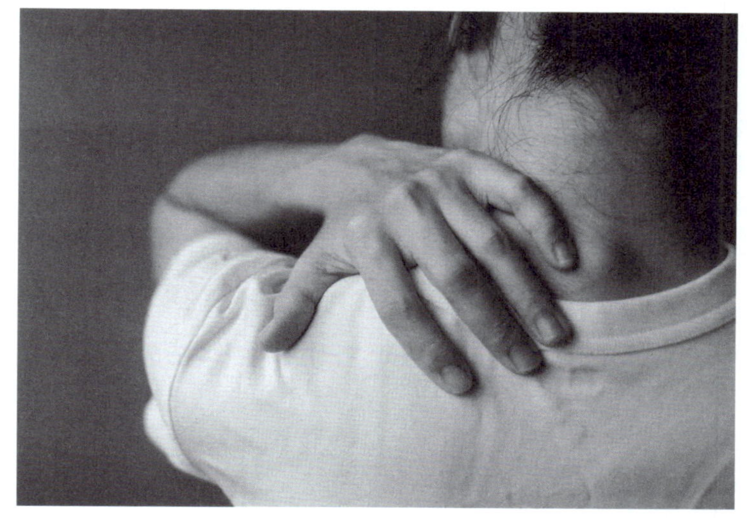

의 미세한 손상은 부상이 아니라 오히려 근육을 키우는 데 꼭 필요한 자극이에요. 다만 이것만으로 근육이 자라는 건 아니랍니다. 근성장은 크게 운동 자극, 영양, 그리고 휴식까지 세 가지가 모두 잘 어우러질 때 비로소 효율적으로 이루어져요. 마치 상처가 나면 약을 바르고 쉬어야 빨리 낫듯이 근육도 마찬가지예요. 계속 무리하게 움직이기보다는 충분히 쉬어야 그 부위가 잘 회복돼요.

결론적으로, **근육통이 있을 땐 쉬는 게 좋아요. 하체에 근육통이 왔다면 상체 운동을 해 주는 식으로, 아픈 부위는 쉬게 해 주면서 다른 부위를 운동하는 방법도 있어요.**

근육통은 보통 '좋은 통증'이라고 불러요. 운동을 하면서 근육에 생긴 미세한 손상이 회복되는 과정에서 나타나는 자연스러운 통증이니까요. 그래서 뻐근하고 욱신거리는 건 오히려 운동을 잘했다는 증거 같아 뿌듯할 때도 있죠. 하지만 모든 통증이 괜찮은 것만은 아니에요. 만약 찌르듯 날카로운 통증이 느껴지거나, 관절이 붓고 멍까지 심하게 든다면 단순한 근육통이 아니라 인대나 힘줄이 다친 걸 수도 있어요. 이럴 때는 운동을 중단하고 무리하지 말아야 하며, 필요하면 병원에 가서 정확히 확인하는 것이 좋아요.

여기까지 읽고 나서 '나는 운동을 했는데도 근육통이 없네, 내 근육은 안 크는 걸까?' 하고 걱정하는 친구도 있을 거예요. 하지만 꼭 그렇지는 않아요. 우리 몸은 꾸준한 자극에 익숙해지는 '적응' 과정을 거치기 때문입니다. 운동 초보자 때는 작은 자극에도 근육통이 심하지만, 숙련될수록 몸이 효율적으로 대처하며 통증을 덜 느끼게 되죠. 즉, 근육통이 없다고 해서 운동 효과가 없는 것은 아닙니다. 최근 연구들에 따르면, 근육통의 유무가 근육 내 성장을 보여 주는 절대적인 지표는 아니라고 해요.[3]

근육통은 "내가 운동을 열심히 했구나!" 하는 증거가 되어 뿌듯하지만, 한편으론 불편해서 신체 활동에 방해가 되기도 해요. 그래서 통증이 빨리 사라지면 그만큼 몸이 더 빠르게 회복된 거라고 볼 수도 있어요. 따뜻한 물에 몸을 담그거나 사우나를 하고, 가벼운 마사지나 스트레칭을 해 주면 혈액 순환이 좋아져서 통증이 더 빨리 가실 수 있어요. 또 운동 전에 준비운동을 충분히 하

고, 운동 후에는 가볍게 뛰거나 몸을 풀어 주는 정리운동을 해 주
면 우리 몸이 서서히 자극에 적응해서 다음 날 훨씬 덜 아프답
니다.

운동할 때
근육에서는
무슨 일이
일어날까?

100m의 비밀
왜 그들은 빠른가

100m 달리기 결승전을 TV에서 본 적 있나요? 경기를 보다 보면 재미있는 점 하나를 발견하게 돼요. 결승에 진출한 선수들 대부분이 흑인 선수라는 거예요. 그뿐만 아니라 세계 기록도 거의 다 흑인 선수들이 가지고 있어요. 예를 들어 자메이카의 우사인 볼트는 100m를 단 9.58초 만에 달려 세계 신기록을 세웠어요. 또 다른 흑인 선수인 아사파 파월은 9.74초, 팀 몽고메리는 9.78초를 기록했죠. 왜 흑인 선수들은 이렇게 빠를까요? 단순히 '운동을 많이 해서'일까요? 물론 훈련도 중요하지만, 그보다 더 깊은 몸의 비밀은 바로 근육의 차이에 있어요!

사람이 달리려면 뇌와 근육 사이에 놀라운 협력이 필요해요. 예를 들어 **"달려!"라는 신호가 뇌에서 나오면, 신경계는 다리 근육에 "지금이야! 움직여!"라고 전기 신호를 보내요.** 이 전기 신호를 받은 근육 세포는 수축과 이완을 하며 다리를 움직이게 하죠. 즉 뇌와 근육이 찰떡같이 협력해야 빠르게 달릴 수 있는 거예요. 달리기는

'뇌 + 신경 + 근육'의 멋진 협동 플레이에요! 모든 사람은 이 구조가 비슷한데, 그럼에도 누군가는 빠르고 누군가는 느리죠. 왜 그럴까요? 그 해답은 바로 근육의 종류, 특히 근섬유의 비율에 숨어 있어요!

우리 몸의 근육은 크게 두 가지 종류로 나뉘어요. 바로 속근과 지근이에요. 속근은 백색근이라고도 불리며, 수축 속도가 빠르고 순간적으로 강한 힘을 만들어 내는 특징이 있어요. 또 탄성이 좋아서 폭발적인 움직임에 유리하지만, 에너지를 효율적으로 사용하는 능력은 낮은 편이에요. 반면 지근은 적색근이라고 불리며 수축 속도는 느리지만 에너지 효율이 높고 오랫동안 움직일 수 있는 장점이 있어요. 대신 힘 생성이나 탄성 면에서는 속근보다 약한 편이에요. 그래서 속근은 단거리 달리기 같은 빠른 운동에, 지근은 마라톤처럼 오래 달리는 운동에 더 적합하답니다.

흑인은 동양인이나 백인보다 속근의 비율이 더 높다고 해요. 동양인과 백인은 속근과 지근의 비율이 5:5라면, 흑인은 속근 비율이 상대적으로 더욱 높아요. 속근이 많다는 건 자동차로 치면 '스포츠카 엔진'을 달고 있는 것과 비슷해요. 신호가 떨어지자마자 폭발적인 힘을 낼 수 있기 때문에 짧은 거리에서는 누구보다 빠르게 치고 나갈 수 있죠. 반대로 지근이 많으면 '연비가 좋은 자동차'라고 할 수 있어요. 순간 가속은 느리지만 오랫동안 꾸준히 달릴 수 있는 힘이 있답니다. 그래서 흑인 선수들이 단거리 달리기나 점프처럼 폭발적인 힘과 스피드를 요구하는 종목에서 강점을 보이는 거예요.

반면 마라톤이나 장거리 수영처럼 오래 버티는 지구력이 중요한 종목에서는 동양인이나 백인 선수들이 더 좋은 기록을 내는 경우가 많아요. 즉 누가 더 뛰어나다기보다는 '어떤 근육 구조를 타고 났는가'에 따라 잘하는 종목이 달라지는 거죠.

"흑인이 아니면 100m에서 이길 수 없나요?"

절대 그렇지 않아요! 운동은 타고난 것도 중요하지만, 꾸준한 노력과 훈련이 훨씬 더 큰 힘을 발휘해요. 속근을 키우고 싶다면 짧은 시간 동안 강도 높게 운동하는 것이 효과적이에요. 예를 들어 짧은 거리를 전력 질주하며 반복하거나 웨이트 트레이닝, 점프 훈련처럼 순간적으로 큰 힘을 쓰는 운동이 속근을 자극하는

데 도움이 돼요. 이런 훈련을 꾸준히 하면 속근 발달에 효과를 볼 수 있답니다.

여러분도 매일 꾸준히 연습하면 더 빠르게, 더 멀리 달릴 수 있어요. 중요한 건 포기하지 않고 나만의 최고 속도에 도전하는 태도랍니다.

운동할 때
근육에서는
무슨 일이
일어날까?

남자 vs. 여자,
힘의 비밀을 밝혀라

"여자는 남자보다 선천적으로 힘이 약한 걸까?"

이 질문은 아주 오래전부터 많은 사람들이 궁금해했던 문제예요. 여러분도 운동장에서 팔씨름을 하거나 무거운 짐을 들 때, "어? 남자애들이 왜 이렇게 힘이 세지?" 하고 느껴 본 적이 있을 거예요. 실제로 평균적인 성인 여자의 상체 근력은 성인 남자보다 낮다는 연구 결과가 있어요. 그렇다면 왜 이런 차이가 생길까요? 핵심은 바로 몸속의 호르몬이에요. 호르몬은 우리 몸의 성장, 근육 발달, 체지방 분포 등 거의 모든 것을 조절하는 작은 '설계자' 같은 존재예요.

초등학교 때를 기억하나요? 옆 반 여학생이 남학생을 팔씨름에서 이겨 버리는 장면을 본 적이 있을지도 몰라요. 재미있게도 사춘기 이전에는 남녀의 근력 차이가 거의 없거나, 오히려 여학생이 더 잘하는 경우도 있어요. 왜 그럴까요? 사춘기 이전에는 남녀 모두 호르몬 분비가 크게 차이나지 않기 때문이에요. 아직 몸이 본격적으로 변화하기 전이므로, 체격이나 개인 차이에 따라 힘의 세기가 달라질 뿐 남녀 간 평균적인 근력 차이는 크지 않아요. 즉 이 시기에는 '남녀 간 차이'보다 '개인별 차이'가 더 큰 거예요. 운동을 좋아하는 친구라면 누구나 근력 향상을 통해 성장할 수 있는 시기죠.

중학교에 들어와 청소년기가 시작되면 상황이 크게 달라져요. 이때부터 몸속에서 '호르몬'이라는 작은 설계자가 본격적으로 움직이기 시작하거든요. 여기서 특히 중요한 것이 바로 '테스토스테론testosterone'이라는 남성 호르몬이에요. 중학교 이후 남학생은 테스토스테론 분비가 급격히 증가하면서 몸의 구조가 크게 바뀌어요. 근육량 증가, 뼈의 굵기와 밀도 증가 등 테스토스테론은 마치 '근육 성장 촉진 스위치'처럼 작동해요. 즉 남자가 평균적으로 근육량이 많고 힘이 센 이유는 테스토스테론의 영향이 절대적이에요.

여학생은 청소년기에 '에스트로겐estrogen'이 더 많이 분비돼요. 에스트로겐은 지방 분포, 생식 기능 등 다양한 신체 발달 과정에 관여하는 중요한 호르몬이지만 에스트로겐은 테스토스테론만큼 근육 성장에 직접적인 영향을 미치지는 않아요. 그렇다고 해서 여학생은 근력 운동을 해도 근육을 만들거나 체력을 기를 수 없다는 뜻은 아니에요. 여학생도 근력 운동을 하면 근육은 확실히 증가하지만 근육 증가 속도와 최대치가 남학생과 다를 뿐이에요.

　이처럼 남녀 간 힘의 차이는 주로 호르몬 분비와 신체 구조 차이에서 비롯되지만, 이는 평균적인 비교일 뿐 개인별 차이는 커요. 운동과 훈련, 꾸준한 노력에 따라 누구나 체력과 근력을 향상시킬 수 있어요. 중요한 것은 성별보다 개인의 노력과 꾸준함이 결과를 결정한다는 점이에요.

쥐와의 한판 승부
근육 경련 이기는 법

운동을 하다가 갑자기 다리에 찌릿한 통증이 찾아오고, 마음대로 움직일 수 없게 된 적이 있나요? "아야!" 하고 다리를 움켜쥐며 깜짝 놀라게 되는 그 순간, 우리는 흔히 "쥐 났다!"라고 말하곤 해요. 축구나 달리기, 수영을 하다가도 갑자기 이런 상황이 생길 수 있죠. 그런데 정말 쥐가 우리 몸속을 물기라도 한 걸까요?

사실 '쥐가 났다'는 표현은 우리 몸속의 근육이 갑자기 수축하면서 생기는 근육 경련을 말하는 거예요. 근육이 의지와 상관없이 갑자기 꽉 조여지는 느낌이 들고, 그 부위가 움직이지 않으면서 심한 통증이 동반되죠. 마치 근육 안쪽을 누군가 세게 쥐고 있는 느낌이라서 '쥐가 났다'고 표현하는 거랍니다.

그럼 왜 근육 경련이 생기는 걸까요? 가장 흔한 이유는 전해질 부족이에요. 운동을 하면 체온이 올라가고, 우리 몸은 이를 식히려고 땀을 흘리죠. 이때 빠져나가는 것은 단순히 물만이 아니에요. 나트륨, 칼륨 같은 전해질도 함께 배출됩니다. 전해질은 근육

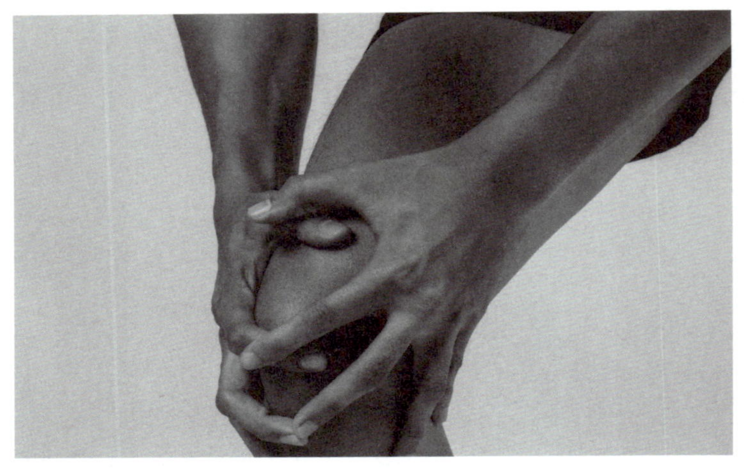

이 수축하고 이완하는 과정을 조절하는 데 꼭 필요한 역할을 합니다. 그런데 땀으로 전해질이 많이 빠져나가면 근육이 제대로 움직이지 못하게 되어 갑자기 경련이 일어나는 거랍니다.

운동할 때 물만 마셔도 괜찮을 것 같지만, 놀랍게도 물만 많이 마시는 건 오히려 전해질 농도를 더 낮추게 되어 근육 경련을 높일 가능성이 있어요. 그래서 전문가들은 운동 전후에 이온음료를 마시는 것이 더 좋다고 말해요. 실제로 호주의 한 대학에서는 운동 후에 마시는 음료의 종류에 따라 근육 경련이 어떻게 달라지는지를 실험했어요.' 실험 결과, 이온음료를 마신 사람은 물만 마신 사람보다 근육 경련을 훨씬 덜 겪었다고 해요. 전해질을 제대로 보충하면 근육도 더 건강하게 움직일 수 있게 되는 거죠.

쥐가 나면 정말 고통스럽지만, 올바르게 대처하면 금방 나아질 수 있어요. 이럴 땐 갑자기 몸을 움직이기보다 **근육이 수축한 반대 방향으로 천천히 늘려 주는 스트레칭을 하는 게 좋아요.** 예를 들어 종아리에 쥐가 났다면, 다리를 뻗고 발끝을 정강이 쪽으로 천천히 당겨 주는 동작이 효과적이에요. 누운 자세에서 다리를 살짝 들어 올려 발끝을 당기면 더 좋고요. 허벅지 뒤쪽, 즉 햄스트링에 쥐가 났다면, 다리를 들어 무릎을 펴고 천천히 몸쪽으로 당겨야 해요. 이때 수건이나 스트레칭 밴드를 이용하면 도움이 돼요. 반면 허벅지 앞쪽, 즉 대퇴사두근에 쥐가 났다면 무릎을 굽혀서 발목을 뒤로 당기며 허벅지를 늘려 주는 동작이 필요해요. 모두 체육 시간에 배운 스트레칭 동작들이죠? 평소에 이런 스트레칭을 자주 해 두면 쥐가 나는 것도 막을 수 있어요.

쥐를 예방하려면 운동 전후에 반드시 준비운동과 정리운동을 하고, 전해질을 보충해 주는 것이 중요해요. 물만 마시기보다는 이온음료를 마시는 것이 효과적이고, 운동 중간중간에도 갈증을 느끼기 전에 조금씩 수분을 섭취하는 습관을 들이면 좋아요. 무엇보다 충분한 수면과 휴식도 중요하답니다. 잠이 부족하거나 피로가 누적되면 근육이 쉽게 지치고 쥐가 날 가능성도 높아져요.

이제는 쥐가 나도 겁나지 않을 거예요. 왜 생기는지, 어떻게 예방하고 대처해야 하는지 알게 되었으니까요. 체육 시간에 누군가 다리에 쥐가 나면, 원인을 짐작하고 도와줄 수 있겠죠. 몸의 원리를 잘 이해하는 것, 그것이 건강하게 운동하는 첫걸음이에요.

운동할 때
머릿속에서는
무슨
일이
일어날까?

ROUND 3

루틴의 힘
선수는 왜 늘 같은 동작을 할까?

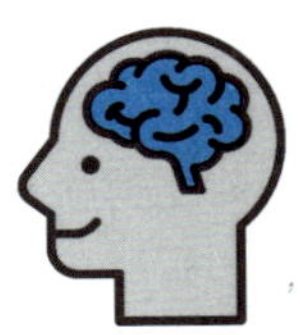

스포츠 루틴이란, 선수가 경기에 앞서 자신의 몸과 마음을 최상의 상태로 만들기 위해 반복하는 행동이나 절차를 말해요. 예를 들면 경기 전 숨을 깊게 들이마시는 것, 물 마시는 순서를 지키는 것, 몸을 툭툭 치며 리듬을 만드는 것 등 다양해요. 왜 이런 루틴이 필요할까요?

운동 경기는 단지 '힘'과 '기술'만으로 이루어지는 게 아니에요. 마음의 상태, 즉 멘털(정신력)이 엄청나게 중요하답니다. 특히 올림픽이나 월드컵처럼 많은 관중과 긴장 속에서 경기를 할 땐 불안, 떨림, 압박감이 커져요. 그럴 때 자기만의 루틴을 반복하면 마음이 차분해지고 경기에 더 잘 집중할 수 있게 되는 거예요.

루틴은 긴장 상황에서도 익숙한 행동을 통해 안정감을 줘요. 마치 집 앞 골목처럼 익숙한 장소가 덜 무섭게 느껴지듯, 반복된 루틴은 선수의 마음을 편안하게 해 줘요. 또한 루틴을 하면서

"이제 진짜 시작이야!"라는 신호를 몸과 마음에 보내게 되죠. 그 결과 잡생각이 줄어들고 경기에 더욱 집중할 수 있어요. "내가 항상 이 루틴을 지키고 나면 잘했었어!"라는 기억이 루틴에 담겨 있어서 자신감을 불어넣어 줘요.

진짜 선수들의 루틴이 궁금하지 않나요?

1. 라파엘 나달Rafael Nadal **테니스**

세계적인 테니스 스타 나달은 루틴의 대표적인 인물이에요. 그는 경기 중에도 포인트마다 머리카락을 넘기고, 코와 귀를 만지고, 물병 방향도 일렬로 정리해 둬요.

2. 손흥민 **축구**

한국을 넘어 세계적인 축구 스타가 된 손흥민 선수는 항상 오른발부터 경기장에 들어가고, 기도하는 자세를 취해요. 경기 중에도 실수를 한 뒤에는 자신의 손목을 한 번 치며 마음을 다시 다잡는 루틴을 하죠. 그 작은 습관들이 큰 경기에서도 그를 흔들리지 않는 선수로 만들어 준대요.

3. 서장훈 **농구**

우리나라 농구의 전설 서장훈 선수는 자유투를 던지기 전에 공을 3번 튕기고, 슛이 들어가면 그 루틴을 계속 유지했어요. 실패하면 예전에 잘되던 루틴으로 돌아가는 습관도 있었죠.

4. 박인비 골프

골프는 멘털이 특히 중요한 종목이죠. 박인비 선수는 숨을 깊이 쉬고, 퍼팅할 때 같은 루틴으로 자세를 잡는 것을 철저히 지켜요. 그 덕분에 위기의 순간에도 침착하게 경기를 이어 갈 수 있어요.

스포츠 선수들처럼 루틴을 만들고 싶다면, 먼저 스스로에게 이렇게 물어보는 것부터 시작해 보세요. "나는 왜 루틴을 만들고 싶은 걸까?" 예를 들어 "학교 배드민턴 리그에서 한 번이라도 이겨 보고 싶어!"처럼 작고 구체적인 목표를 세우는 것이 좋아요. 목표가 정해지면 루틴도 훨씬 쉽게 만들 수 있거든요. 그다음엔 작은 행동 하나를 정해 보세요. 처음부터 거창하게 시작할 필요는 없어요. 경기를 시작하기 전에 심호흡을 세 번 한다든지, 공을 잡기 전에 손바닥을 한 번 비벼 본다든지, 줄넘기를 하기 전에 속으로 '할 수 있다!'라고 외치는 것처럼요. 이런 단순한 행동 하나도 훌륭한 루틴이 될 수 있어요.

이제 중요한 건 반복하기예요. 루틴은 반복할수록 몸에 익고, 마음에도 안정감을 줘요. 처음엔 어색할 수 있지만 꾸준히 하다 보면 점점 자연스러워지고, 그 행동이 내 집중력과 자신감을 끌어내는 '버튼'처럼 작동하게 돼요.

하나 더! 루틴을 잘 지켰다면, 나 자신을 꼭 칭찬해 주세요. '오늘도 루틴을 잘 지켰으니까 내가 좋아하는 간식을 먹어야지!' 이런 작은 보상이 루틴을 계속 이어 갈 수 있는 힘이 되어 줘요.

사실 루틴은 스포츠에서만 필요한 게 아니에요. 일상 속에서도 루틴은 큰 힘을 발휘해요. 예를 들어 아침에 눈을 뜨자마자 기지개를 펴고, 물 한 컵을 마시고, 책을 5분 읽는 것처럼 아침 루틴을 만들어 보는 것도 좋아요.

중요한 건, 루틴은 다른 사람에게 보여 주기 위한 게 아니라 바로 '나'를 위한 약속이라는 거예요. 처음엔 사소해 보여도, 어느 순간 '어? 나 요즘 더 침착해졌네?', '루틴 덕분에 경기할 때 덜 떨려!' 같은 변화가 느껴질 거예요.

오늘부터 나만의 루틴을 하나 만들어 볼까요? 작은 습관이 여러분을 더 멋지게 만들어 줄 거예요!

러너스 하이, 달리기가 가져다 주는 신비로운 행복의 비밀

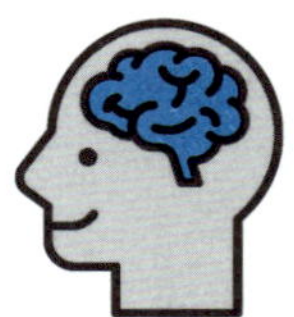

요즘 러닝을 즐기는 사람들이 부쩍 많아졌어요. 공원이나 강변을 달리다 보면 다양한 러닝 크루가 모여 함께 달리는 모습을 쉽게 볼 수 있죠. 러닝을 안 해 본 사람들은 '도대체 뭐가 좋다고 저렇게 뛰어다닐까?' 하고 궁금해할 수도 있어요. 하지만 달리는 사람들에게는 남들이 모르는 특별한 경험이 숨겨져 있답니다.

혹시 러너들에게 "왜 그렇게 달리세요?"라고 물어보면, 여러 가지 대답이 나오겠지만 그중 하나가 바로 "러너스 하이를 느끼기 위해서요"라는 말이에요. 그렇다면 러너스 하이가 뭘까요?

러너스 하이 Runner's High**라는 말은 1979년에 심리학자 아널드 J. 맨델 Arnold J. Mandel이 처음 사용했는데, 달리다가 갑자기 기분이 좋아지고 상쾌해지면서 뭔가에 푹 빠진 듯한 도취감을 느끼는 상태를 가리켜요.** 마치 즐겁고 행복한 기분에 흠뻑 취한 것 같다고 해서 '도취감'이라는 단어를 쓰죠. 사람마다 정도는 다르지만, 러닝을 하다 보면 힘든 줄도 모르고 계속 달리게 되는 그런 순간이 바로 러너스 하이에요.

이런 러너스 하이는 그냥 기분 탓이 아니에요. 과학적으로도 그 이유가 밝혀져 있답니다. 운동을 하면 우리 몸에서는 엔도르핀과 엔도카나비노이드eCBs라는 물질이 분비돼요. 이 물질들은 스트레스에 대응하고 극복하도록 돕는 역할을 해요. 그래서 기분이 좋아지고 행복감을 느끼게 되는 거죠.

달리다 보면 처음엔 숨이 턱턱 막히고 다리도 무겁죠. 그런데 어느 순간 이상하리만큼 숨 쉬기가 편해지고, 발걸음도 훨씬 가벼워질 때가 있어요. 그때부터는 마치 몸이 자동으로 달리는 것 같고, 머릿속이 맑아지면서 복잡했던 생각들이 싹 사라지죠. 귀에 들리는 건 바람 소리나 발이 땅을 치는 소리뿐이고, 잠깐 동안은 세상에서 나 혼자만 달리고 있는 듯한 기분이 들어요. 그게 바로 러너스 하이가 찾아온 순간이에요. 땀은 계속 흐르는데 얼굴에는 저절로 웃음이 지어지고, 힘든데도 이상하게 더 달리고 싶어지는 그런 기분이에요.

하지만 러너스 하이를 아무 때나 느낄 수 있는 건 아니에요. 몇 가지 조건이 필요해요. 첫 번째는 적당한 수준의 스트레스, 즉 운동 강도예요. 너무 힘들면 몸이 지쳐서 오히려 이런 물질이 잘 안 나오고, 너무 약하면 몸이 굳이 이런 물질을 내보낼 필요를 못 느끼죠. 그래서 몸이 '약간 힘든데 그래도 할 만하다'고 느낄 정도로 운동 강도와 시간을 조절하는 게 중요해요. 두 번째는 몸 상태예요. 몸이 피곤하거나 면역력이 떨어졌을 때는 이런 물질들이 잘 나오지 않아요. 충분히 쉬고 잘 먹어 체력을 유지하는 게 필요한 이유죠.

이제 러너스 하이를 경험할 준비가 됐다면, 실제로 어떻게 달려야 할까요? **전문가들은 최대 심박수**MaxHR**의 70~85% 정도 수준에서 달리는 '템포런'을 추천해요. 쉽게 말하자면, 숨이 조금 차긴 한데 계속 뛸 수 있는 정도예요. 러닝 시간은 1시간에서 2시간 정도가 가장 좋아요. 이 시간이 바로 러너스 하이를 느낄 확률이 가장 높은 '스위트 스팟**sweet spot**'이라고 불리죠.** 또 달리기 전에 충분히 몸을 풀어주면 부상도 예방하고, 몸 안에서 이런 기분 좋은 물질들이 더 잘 나오도록 준비시킬 수 있어요.

또한, 혼자 달리는 것보다 다른 사람들과 같이 달리거나 신나는 음악을 들으며 달리면 효과가 더 좋다고 해요. 특히 아침에 달리는 '모닝런'이 오후나 저녁보다 이런 물질 분비가 더 활발하다고 하니, 가능하다면 아침 달리기를 시도해 보는 것도 좋겠죠?

이제 러너스 하이의 원리도 알았으니, 준비가 된 것 같지 않나요? 운동화를 신고 나가서 가볍게 달려 보세요. 여러분도 어느 순간, 달리기가 주는 그 신비로운 행복에 푹 빠져 있을지 몰라요.

더 알아볼까요 ― 러닝 착지법

풋 스트라이크 패턴foot strike pattern은 걷거나 뛸 때 발이 지면에 닿는 방식이에요. 포어풋 착지는 단거리에서 유리하다는 점이 비교적 명확하지만, 장거리 러닝에서는 미드풋과 리어풋 중 어떤 방식이 더 좋으냐를 두고 논쟁이 계속되고 있어요. 사실 '정답'이 있는 것은 아니며, 자신의 체형·근력·러닝 목적에 따라 가장 편안하고 효율적인 착지법을 선택하는 것이 더 중요해요.

포어풋 착지 forefoot strike	미드풋 착지 midfoot strike	리어풋 착지 rearfoot strike / heel strike

단거리, 스프린터에게 유리. 추진력이 크지만 전신 피로 빨리 누적	에너지 효율성과 충격 흡수 면에서 균형이 잘 맞는 편	초보 러너, 일반인에게 흔함. 속도는 낮지만 체력 소모가 적음

운동하다 포기하고 싶을 때
다시 힘이 나는 이유: 세컨드 윈드

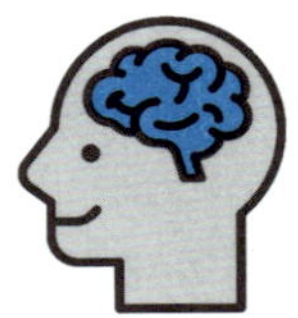

여러분은 운동을 하다가 갑자기 숨이 차고 가슴이 두근거리면서 '아, 그만하고 싶다'라는 생각이 든 적 없나요? 이처럼 **운동 초반에 갑자기 몸이 너무 힘들어지는 순간을 '사점**dead point**'이라고 해요.** 사점은 아직 심장과 폐가 운동 강도에 적응하지 못해서 근육에 산소가 부족해지고, 피로물질인 젖산이 쌓이면서 나타나는 현상이에요. 그래서 숨이 가빠지고 몸이 무겁게 느껴지는 거죠.

하지만 이 고비를 넘기면 신기한 변화가 찾아와요. 시간이 지나면서 심장과 폐가 운동에 맞춰 산소를 더 많이 공급해 주고, 쌓였던 젖산도 점차 사라져요. 그러면 숨이 덜 차고 몸이 한결 가벼워지는 순간이 오는데, 이때를 '세컨드 윈드second wind**', 우리말로 '제2의 호흡'이라고 불러요.** 이 시점에는 호흡과 심장이 안정되고 혈액 순환이 활발해져서 마치 다시 힘이 솟는 것 같은 느낌을 받아요. 게다가 뇌에서 엔도르핀이 분비되면서 기분도 좋아지고, '조금 더 할 수 있겠다!'라는 자신감이 생기죠.

세컨드 윈드는 보통 운동을 시작한 지 10~20분쯤 지나면 찾아 온다고 해요. 그래서 중요한 건 운동 초반의 힘든 시기를 너무 빨리 포기하지 않는 거예요. 이 고비만 넘기면 운동이 훨씬 수월해지고 즐거워질 수 있거든요.

어떻게 해야 사점을 잘 넘기고 세컨드 윈드를 빨리 만날 수 있을까요? 첫 번째 방법은 충분한 준비운동이에요. 가벼운 스트레칭이나 천천히 걷기를 하면 심장이 서서히 박동을 높이고, 근육도 산소를 받을 준비를 해서 초반의 고통이 줄어들어요. 두 번째는 운동 강도를 조절하는 거예요. 처음부터 전력을 다하지 말고, 몸이 적응할 시간을 주면서 조금씩 강도를 높여야 해요. 호흡도 얕게 하지 말고 깊고 규칙적으로 하는 게 중요해요. 그래야 산소가 충분히 공급되어서 피로가 덜 쌓여요.

마음가짐 역시 큰 힘이 돼요. '조금만 더 해 보자', '다음 코너까지만 가자'와 같이 작은 목표를 정하고 긍정적인 생각을 하면 훨씬 수월하게 사점을 넘을 수 있어요. 실제 연구에서도 운동 중 힘든 순간을 극복하는 데는 몸의 힘뿐 아니라 마음의 힘이 크게 작용한다고 해요.[5]

장기적으로는 꾸준히 체력을 기르는 습관이 필요해요. 규칙적인 유산소 운동은 심폐 기능을 강화하고, 근력 운동은 근육을 단단하게 만들어 사점이 쉽게 오지 않도록 도와줘요. 좋아하는 음악을 들으며 운동하거나, 친구와 함께 도전하는 것도 세컨드 윈드를 더 빨리 경험하게 하는 좋은 방법이에요.

실제로 많은 운동선수들이 세컨드 윈드를 경험해요. 축구 선수들은 경기 중반 체력이 떨어졌다가도 어느 순간 다시 숨이 편해지고 움직임이 가벼워지는 순간을 맞이하죠. 이런 변화는 운동선수들만 느끼는 특별한 현상이 아니에요. 꾸준히 조깅을 하는 일반인들도 처음 몇 분은 숨이 차고 다리가 무겁다가, 일정한 리듬이 잡히면 갑자기 호흡이 안정되고 몸이 한결 가벼워지는 순간을 경험할 수 있어요. 이런 사례들은 세컨드 윈드가 누구에게나 찾아올 수 있는 자연스러운 신체 반응이라는 것을 보여 줘요.

다만 주의할 점이 있어요. 세컨드 윈드를 기다린다고 해서 무리하면 안 된다는 거예요. 숨이 너무 가쁘고 어지럽거나 통증이 심하다면 몸이 보내는 위험 신호일 수 있으니 반드시 운동을 멈추고 쉬어야 해요. 세컨드 윈드는 적당한 피로를 이겨 냈을 때 찾아오는 건강한 경험이지, 무리한 대가로 얻는 게 아니에요.

운동은 단순히 몸을 움직이는 활동이 아니라 내 몸과 마음이 함께 성장하는 과정이에요. 사점을 넘고 세컨드 윈드를 경험하면 체력뿐 아니라 자신을 믿는 마음과 도전하는 용기까지 얻을 수 있어요. 그러니 다음에 운동하다가 힘들다고 느껴질 때 포기하기보다 "조금만 더!"를 외쳐 보세요. 그 순간을 지나면 다시 힘이 나는 두 번째 숨결, 즉 세컨드 윈드가 분명히 여러분을 기다리고 있을 거예요.

더 알아볼까요 —

러너스 하이 vs. 세컨드 윈드

세컨드 윈드와 비슷한 개념으로 자주 언급되는 것이 러너스 하이예요. 두 경험 모두 운동 중에 찾아오는 긍정적인 변화지만, 조금 차이가 있어요.

세컨드 윈드는 운동 초반 힘든 시기를 넘긴 뒤 몸이 산소 공급에 적응하면서 호흡과 심장이 안정되고 에너지가 다시 살아나는 신체적 균형 회복 현상이에요.

반면 러너스 하이는 주로 장시간 달리기 같은 지구력 운동을 하다가 나타나는 상태로, 엔도르핀이 대량으로 분비되면서 느끼는 강렬한 행복감과 몰입감을 말해요. 즉 세컨드 윈드가 '다시 편안하게 운동을 이어 갈 수 있는 상태'라면, 러너스 하이는 '운동이 힘들지 않고 오히려 즐겁게 느껴지는 황홀한 상태'라는 점에서 차이가 있어요.

야구공이 느리게 보인다고?
그 비밀은 동체시력!

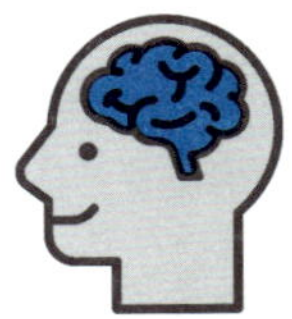

야구를 보면서 '저 빠른 공을 어떻게 치지?' 하고 놀란 적 있나요? 시속 140km가 넘게 날아오는 공을 방망이로 정확히 맞히는 건 정말 대단한 일이에요. 그런데 선수들은 그걸 해낼 수 있어요. 그 이유는 바로 동체시력이 좋기 때문이죠! 동체시력은 움직이는 물체를 또렷하고 빠르게 보는 능력을 말해요. **보통 사람들은 1초에 5~6장의 그림을 본다고 하는데, 축구나 야구 선수들은 무려 10장 넘게 볼 수 있다고 해요.** 그러니 느리게 보이는 게 당연하겠죠. 게임에서도 동체시력은 정말 중요해요. FPS(1인칭 슈팅 게임)를 잘하는 친구들을 보면 갑자기 튀어나온 상대를 보고 바로 마우스를 움직여 조준하잖아요. 이것도 눈과 뇌, 몸이 동시에 빠르게 반응하기 때문에 가능한 거예요.

이런 동체시력은 스포츠 선수들에게 정말 중요해서, 믿기지 않을 만큼 독특한 훈련법을 쓰기도 해요.

한국 배드민턴 간판스타 안세영 선수

모래 위에서 연습하면서 네트를 완전히 천으로 가린 채 스매싱과 드롭 같은 기술을 연습했다고 해요. 상대가 어디로 셔틀콕을 칠지 보지 못한 상태에서 오직 날아오는 공만 보고 빠르게 반응하는 훈련이었죠. 그래서 동체시력과 순간 판단력이 엄청나게 좋아졌다고 해요.

야구 전설 이치로 선수

동체시력을 위해 일반 야구공보다 훨씬 작은 공을 고속 머신으로 던져 받는 훈련을 했대요. 작고 빠른 공을 끝까지 눈으로 쫓다 보면 보통 공은 훨씬 더 크게, 천천히 보이는 효과가 있거든요.

테니스 황제 라파엘 나달

공에 다양한 색깔 표시를 해 두고, 공을 치기 직전에 그 색깔을 맞히며 연습했대요. 빠르게 움직이는 공의 색과 회전을 동시에 구분하는 훈련으로 동체시력과 집중력을 동시에 키운 거죠.

복싱이나 태권도 선수들도 벽에 여러 색깔의 불빛을 설치해 두고 불이 켜지는 위치와 색깔에 따라 몸을 움직이는 훈련을 해요. 초록 불이 켜지면 왼손 또는 왼발로 공격하고, 빨간 불이 켜지면 오른손 또는 오른발로 공격하는 식이에요. 눈과 몸을 동시에 사용하기에 동체시력을 기르기에 아주 좋은 훈련법이라고 할 수 있어요.

또한 눈 운동을 많이 하면 뇌 건강에도 좋아요. 눈으로 본 건 결국 뇌가 해석하기 때문에 빠르고 복잡한 움직임을 계속 보며 훈련하면 뇌가 점점 더 활발해진대요. 한 연구에서는 눈 운동을 한 그룹이 안 한 그룹보다 기억력 테스트 결과가 더 좋았다고 해요. 그러니 동체시력 훈련은 단순히 공을 잘 치기 위한 게 아니라 뇌까지 건강하게 만드는 똑똑한 운동이죠.

사람은 보통 20대 초중반에 동체시력이 가장 좋다고 해요. 그래서 많은 스포츠 선수들이 20대에 기량의 정점을 찍고, 그 뒤로는 조금씩 내려오죠. 동체시력은 나이가 들수록 자연스럽게 떨어지기 때문에 빠른 공을 보고 순간적으로 판단해야 하는 야구, 테니스, 배드민턴 같은 종목 선수들이 비교적 이른 나이에 은퇴하는 경우가 많아요.

반면에 골프나 사격처럼 순발력보다는 집중력과 감각, 경험이 더 중요한 종목들은 동체시력의 작은 감소가 크게 영향을 미치지 않아서 선수 생활이 훨씬 길어요. 그래서 40~50대에도 세계 정상에서 활약하는 골프 선수들을 쉽게 볼 수 있답니다. 물론 동체시력도 꾸준히 훈련하면 어느 정도 유지할 수 있어서, 많은 선수들이 은퇴를 조금이라도 늦추려고 끝까지 눈 운동과 반응 훈련을 게을리하지 않는다고 해요.

동체시력은 야구 선수처럼 빠른 공이 느리게 보이는 능력일 수도 있고, 게임이나 일상에서 순간적으로 상황을 정확히 파악하는 힘일 수도 있어요. 중요한 건 동체시력이 타고나는 능력만은 아니라는 점이에요. 간단한 눈 운동이나 반응 훈련만으로도 눈과 뇌는 충분히 단련될 수 있거든요. 이런 작은 연습들이 쌓이면 움직이는 것을 보는 눈과 판단하는 속도가 점점 달라져요. 여러분도 오늘부터 조금씩 실천해 본다면, 어느새 더 빠르게 보고 더 정확하게 반응하는 자신의 변화를 발견하게 될 거예요.

운동할 때
머릿속에서는
무슨 일이
일어날까?

세계는 왜 이렇게 다르게 뛸까?

ROUND 4

무술의 지구 여행
각 대륙의 숨겨진 전통을 만나다 ①

무술은 세계 여러 지역에서 오랜 세월 동안 다양한 모습으로 발전해 왔어요. 처음에는 맹수나 적으로부터 스스로를 보호하기 위한 생존 기술로 시작되었지만, 시간이 지나면서 각 나라의 역사·환경·문화 속에서 독특한 형태로 자리 잡았어요. 어떤 곳에서는 국가를 지키기 위한 군사 기술로, 또 어떤 곳에서는 정신 수양과 예절 교육의 한 부분으로 이어졌죠. 오늘날 무술은 스포츠, 자기방어, 체력 단련, 인성 교육 등 여러 목적에 맞게 세계 곳곳에서 사랑받고 있어요. 지금부터 아시아 대륙을 중심으로, 나라별로 어떤 전통 무술이 발전해 왔는지 살펴보도록 할게요!

한국의 무술 택견과 태권도

택견

우리나라 고유의 전통 무술이에요. 상대방을 때려서 이기는 것이 아니라 다리를 이용해 균형을 무너뜨리고 쓰러뜨리는 데 중점

태권도의 화려한 기술이 압도적으로 펼쳐지는 겨루기

을 두어요. 부드러운 동작과 유연한 발놀림이 특징이며, 마치 춤을 추는 것처럼 보여요. 손으로 때리거나 잡는 건 금지되어 있고, 주로 발차기와 몸을 비트는 기술을 사용해요. 겨루기는 일정한 규칙 안에서 진행되고, 실전보다는 예禮와 조화를 중요하게 생각해요. 택견은 1983년 한국 최초의 국가무형유산 무술로 지정되었고, 2011년에는 유네스코 인류무형문화유산에도 등재되었답니다!

태권도

광복 이후 여러 무술의 장점을 모아 만든 현대 무술이에요. 지금은 대한민국의 국기國技이자, 전 세계 200개국 이상에서 사랑받는 스포츠예요. 주로 발차기 기술이 중심이며 돌려차기, 앞차기, 뒤차기 같은 다양한 동작이 있어요. 손기술도 포함되지만, 점수를 얻는 데는 발기술의 정확도와 속도가 중요해요. 경기 방식은 전자 호구와 머리 보호구를 착용하고 점수제로 겨루어요. 품새(형) 수련을 통해 자세, 집중력, 체력, 예절도 함께 익혀요.

태권도는 단지 싸우는 운동이 아니라 예의, 인내, 자기 통제, 자신감을 키우는 전인 교육으로 활용되고 있어요.

일본의 무술 유도와 검도

유도柔道

일본에서 만들어진 부드러운 무술이에요. 이름 그대로, 힘으로 억지로 이기기보다는 상대의 힘을 이용해 제압하는 운동이죠. 주 기술은 던지기投技, 굳히기固技, 조르기絞技, 관절꺾기関節技 등이 있어요. 손으로 상대의 옷(도복)을 잡아 균형을 무너뜨리는 것이 핵심이에요. 경기는 정해진 매트 위에서 1:1로 겨루고, 넘어뜨리거나 기술 성공으로 점수를 얻어요. 유도는 "유능제강柔能制剛", 즉 부드러움이 강함을 이긴다는 철학을 바탕으로 하며, 오늘날에는 전 세계 많은 학교나 체육관에서 인성 교육 무술로 활용되고 있어요.

검도劍道

일본의 전통 검술에서 유래된 칼 무술이에요. 지금은 죽도(대

상대의 빈틈을 정확히 노려라!

나무 검)를 들고, 호구(보호 장비)를 착용한 상태에서 겨루는 스포츠예요. 주된 공격 부위는 머리(멘), 손목(코테), 허리(도), 목(츠키)이에요. 검도는 단순한 공격보다 정확한 타이밍, 자세, 기합이 중요해요. 경기는 심판이 판정을 내려 점수를 매겨요. 검도는 상대방과 겨루면서도 자기 수양과 예절을 중시하는 무술이죠. 몸을 쓰는 훈련뿐 아니라 정신을 다스리는 수련이 함께 이루어져요.

중국의 무술 쿵후와 우슈

쿵후 Gongfu

수천 년의 역사를 가진 중국 전통 무술이에요. 특히 소림사에

수련의 시간을 담은 쿵후
©Mostafa Meraji

서 승려들이 심신 수련과 호신을 위해 익힌 무술로 유명해요. 다양한 동물의 움직임을 본뜬 권법(호권, 학권, 사자권 등)이 있어요. 손기술, 발차기, 점프, 회전 등 화려한 동작과 유연한 자세가 특징이에요. 검, 창, 봉(막대기), 도(칼) 같은 무기술도 함께 익힐 수 있어요.

'쿵후'라는 말은 사실 무술만을 뜻하지 않고, 어떤 기술이나 실력을 얻기 위해 오랫동안 노력한 결과를 뜻하는 단어예요. 그래서 요리나 예술에서도 "쿵후가 있다"라고 표현하기도 해요!

우슈Wushu

쿵후를 바탕으로 현대 스포츠 형식으로 발전한 무술이에요. 지

다채로운 공격을 할 수 있는 우슈

금은 국제 대회에서 정식 종목으로도 활약하고 있어요. 우슈는 두 가지 분야로 나뉘어요. 첫 번째는 투로套路 — 정해진 동작(형)을 보여 주는 무술로 장권, 남권, 태극권 등이 있으며, 정확한 동작, 균형감, 속도를 평가해요. 맨손뿐 아니라 검, 창, 곤, 도 등의 무기술 투로도 있어요. 두 번째는 산티散打 — 실제 겨루는 경기 복싱과 비슷한 형식으로, 주먹, 발차기, 던지기를 사용해 점수를 얻어요. 보호 장비를 착용한 상태에서 실전 감각을 키워요.

우슈는 무술 동작을 예술처럼 표현하면서도 정확한 기술과 정신 수양을 함께 중요시해요. 오늘날 전 세계 우슈 선수들이 국제 대회에서 멋진 동작을 선보이고 있답니다!

아시아 대륙의 무술을 하나하나 들여다보면, 그 나라 사람들이 어떻게 몸을 움직이고 어떻게 살아왔는지 느낄 수 있어요. 다음 장에서는 다른 대륙의 무술에 대해서도 알아보는 시간을 가져 보도록 해요.

운동장엔
없던
스포츠
이야기

무술의 지구 여행
각 대륙의 숨겨진 전통을 만나다 ②

아시아의 무술만큼 유럽, 아메리카, 아프리카에도 각 나라의 역사와 문화가 녹아 있는 멋진 무술이 많아요. 어떤 무술들이 있고, 어떤 특징이 있는지 하나씩 깊이 있게 알아볼까요?

유럽의 무술 복싱과 펜싱

복싱Boxing

두 주먹만으로 겨루는 스포츠 무술이에요. 보통 네모난 링 위에서 장갑을 낀 두 선수가 맞붙어요. 단순히 '때리는 운동'처럼 보이지만, 실제로는 굉장히 전략적인 경기예요. 공격 기술에는 잽, 스트레이트, 훅, 어퍼컷이 있어요. 방어 기술로는 스웨이(피하기), 가드(막기), 클린치(붙잡기) 등이 있어요. 공격과 방어를 빠르게 오가며 순간 판단력이 아주 중요해요. 복싱은 19세기 영국에서 현대 스포츠로 자리 잡았고, 지금은 전 세계적으로 많은 사람들이 배우고 있어요. 체력을 기르고 싶거나 자신감을 높이고 싶

은 사람들에게 아주 좋은 운동이에요!

펜싱Fencing

유럽의 기사들이 검을 들고 겨루던 전통에서 시작된 스포츠 무술이에요. 지금은 날카롭지 않은 세 종류의 검(플뢰레, 에페, 사브르)을 사용해 겨루어요. 플뢰레는 상체만 찌를 수 있고, 빠르고 정밀한 기술이 중요해요. 에페는 전신이 공격 대상이며 한 번만 찔러도 점수를 얻어요. 사브르는 찌르기뿐 아니라 베기 기술도 사용되며 속도감 있는 경기예요.

펜싱은 '두뇌 스포츠'라고 불릴 만큼 순간 판단과 전략이 중요해요. 검을 휘두르는 동작이 우아하고 예술적으로 보여서 보는 사람들도 즐거워요!

아메리카의 무술 카포에이라

카포에이라Capoeira

브라질에서 탄생한 무술이자 춤이에요. 보는 사람들은 춤추는 것 같다고 생각하지만, 사실은 숨겨진 실전 기술이 가득한 무술이에요. 주로 발차기 기술을 중심으로 해요. 손을 바닥에 짚고 하는 회전 동작이나 공중 기술도 많아요. 음악과 노래, 악기(베림바우, 아타바키 등)에 맞춰 움직여요.

카포에이라는 아프리카에서 브라질로 끌려온 노예들이 자신을 지키려고 만든 무술이에요. 하지만 들키면 위험하니까 춤처럼 위장해서 연습했대요. 지금은 유네스코 인류무형문화유산으로 등재된 브라질의 소중한 전통이에요!

아프리카의 무술 담베와 응구니 스틱 파이팅

담베Dambe

나이지리아의 하우사족이 전통적으로 해 오던 싸움 무술이에요. 주로 수확철이 끝난 뒤 열리는 축제에서 젊은이들이 경기를 벌였어요. 선수들은 한쪽 손에 밧줄이나 천을 꽁꽁 감아서 강하게 주먹을 날려요. 다른 손은 가드를 하거나 상대의 팔을 붙잡는 데 써요. 발차기도 사용할 수 있어서 짧지만 강렬한 기술이 많아요. 경기 시간은 매우 짧고, 한 방이 승패를 가르기도 해요. 몸 전

담베의 격투 장면
©Oteikwu Joshua

체에 근육을 키우는 데 좋고, 용기와 강인함을 상징하는 무술이
에요.

응구니 스틱 파이팅Nguni Stick Fighting

이 무술은 남아프리카의 응구니Nguni 족이 이어 온 전통 무술
이에요. 두 개의 막대기를 들고 상대와 일대일로 싸워요. 한 손엔
공격용 막대기, 다른 손엔 방어용 막대기를 들어요. 막대기로 상
대의 몸을 때리거나 공격을 막으며 겨루어요. 빠른 스텝과 타이
밍이 중요한 고난이도 기술이 많아요. 이 무술은 단순한 싸움이
아니라 용기를 시험하는 전통의식이기도 했어요. 많은 젊은이들
이 성인식으로 이 무술을 치르기도 했답니다.

무술은 단순히 기술을 익히거나 몸을 움직이는 활동을 넘어서 세계 여러 문화가 담긴 소중한 유산이에요. 각 나라의 환경과 역사 속에서 저마다 다른 방식으로 발전했지만, 공통적으로 몸과 마음을 함께 성장시키는 수련이라는 점은 변하지 않았어요. 기술을 익히며 집중력과 판단력이 길러지고, 꾸준한 연습을 통해 인내심과 자신감이 자라나요. 또 함께 수련하는 사람들과의 예절과 협동을 배우며 건강한 태도도 형성되죠.

이처럼 무술은 우리에게 신체적 능력뿐 아니라 긍정적인 마음가짐까지 선물해 주는 문화예술이자 생활 속 배움이에요. 여러 무술을 배우면 세계 곳곳에 숨겨진 전통과 이야기를 계속 만나 볼 수 있을 거예요!

같은 듯 다른 두 쌍
럭비와 미식축구, 요가와 필라테스

겉모습만 보면 서로 크게 다르지 않아 보이는 스포츠나 운동이 참 많아요. 긴 타원형 공을 들고 달리는 럭비와 미식축구, 매트 위에서 몸을 쭉 늘이며 호흡하는 요가와 필라테스처럼요. 얼핏 보면 '그게 그거 아니야?'라고 생각하기 쉽지만, 조금만 더 들여다보면 그 안에는 전혀 다른 역사와 철학, 경기 방식이 숨겨져 있답니다. 비슷해 보이지만 사실은 꽤 다른 이 종목들을 하나씩 비교해 보면, 각 운동이 가진 매력과 개성도 더 선명하게 보일 거예요.

럭비와 미식축구는 같은 뿌리에서 출발해 조금씩 갈라져 나간 형제 같은 종목이에요. 19세기 영국의 한 학교에서 축구를 하던 중 한 학생이 공을 들고 달려가 버린 사건에서 럭비가 시작됐다고 전해져요. 이후 럭비는 영국을 중심으로 전 세계로 퍼져 나갔고, 특히 뉴질랜드, 호주, 남아프리카공화국 같은 나라에서 국민 스포츠가 되었어요. 한편 미국으로 건너간 럭비는 현지 사정과

럭비, 힘과 전략이 맞붙는 순간

스타일에 맞게 조금씩 바뀌다가, 더 많은 보호 장비와 작전 중심의 플레이가 결합되면서 오늘날 미식축구로 진화하게 됐죠. 그래서 비슷해 보이는 두 종목이 사실은 역사적으로도 아주 흥미롭게 갈라져 나온 사연을 갖고 있답니다.

처음 보면 럭비와 미식축구는 꽤 비슷해 보여요. 둘 다 긴 타원형 공을 들고 전속력으로 달리고, 거친 몸싸움 속에서 상대를 제치며 전진하죠. 심지어 경기장을 가득 채운 관중들의 함성까지 닮아서 헷갈릴 수도 있어요. 하지만 조금만 자세히 들여다보면 이 두 스포츠는 장비부터 경기 흐름, 규칙까지 정말 많은 차이가 있답니다.

먼저 장비에서부터 큰 차이가 드러나요. **럭비 선수들은 머리에 얇**

미식축구, 격돌의 순간

은 보호대를 쓰거나 아예 맨머리로 뛰는 경우도 많아요. 보호 장비가 최소화
돼 있어서 몸싸움을 할 때도 서로 더 조심스럽게 힘을 쓰죠. 반면 미식축구
선수들은 튼튼한 헬멧과 두꺼운 어깨 패드를 비롯해 온몸을 보호 장비로 꽁
꽁 싸매고 경기에 나서요. 그만큼 강력한 충돌과 태클이 기본 전략이기 때
문이죠. 같은 접촉 스포츠라도 장비 하나만으로도 경기 분위기가
확 달라져요.

경기 흐름을 보면 두 스포츠는 완전히 다른 느낌이에요. 럭비
는 경기가 거의 끊기지 않고 계속 이어져요. 미식축구와는 다르
게 공을 앞으로 던질 수 없어서 주로 옆이나 뒤로 패스하면서 진
격해야 하고, 덕분에 선수들이 계속 움직이며 순발력과 지구력을
동시에 써야 하죠. 반대로 미식축구는 공격과 수비가 명확히 나

뉘고, 한 플레이가 끝날 때마다 작전을 짜서 다시 시작해요. 10야드(9.1m)를 전진하면 새로운 기회를 얻는 규칙 덕분에 경기 흐름이 자주 끊기면서도 전략적인 맛이 있죠.

이렇게 보면 럭비는 자연스러운 흐름 속에서 순간적인 판단과 팀워크가 중요하고, 미식축구는 촘촘한 작전과 폭발적인 파워가 돋보이는 경기예요. 비슷해 보이지만 사실은 전혀 다른 두 종목이기 때문에 경기장을 가득 메운 팬들이 열광하는 이유도 조금씩 다를 거예요. 여러분은 어느 쪽이 더 끌리나요? **끊임없이 움직이며 전략과 체력을 동시에 시험하는 럭비? 아니면 보호 장비를 갖추고 한 번의 강력한 플레이로 승부를 결정짓는 미식축구?**

요가와 필라테스도 한번 알아볼까요? 먼저 요가는 무려 5,000년 전 고대 인도에서 시작됐다고 해요. 힌두교와도 깊은 관련이 있는데, 원래는 몸을 단련하기 위한 운동이 아니라 명상과 정신 수련을 통해 깨달음을 얻으려는 수행법이었어요. 즉 철학적이고 종교적인 색채가 아주 강했죠. 이후 파탄잘리라는 철학자가 《요가 수트라》라는 책으로 요가를 체계적으로 정리하면서 오늘날 우리가 아는 요가로 자리 잡게 되었어요.

반면 필라테스는 훨씬 최근에 만들어진 운동이에요. 20세기 초 독일에서 태어난 조셉 필라테스가 부상을 입은 병사들이 빠르게 회복할 수 있도록 고안했죠. 나중에는 무용수나 운동선수들이 부상을 예방하고 몸의 밸런스를 잡는 데 좋다는 걸 알고 적극적으로 활용하게 되었어요. 그래서 필라테스는 시작부터 재활과 몸의

몸과 마음이 하나 되는 순간

기능 회복을 목적으로 만들어진 운동이에요.

이 둘의 원리를 비교해 볼까요? **요가는 몸과 마음, 나아가 영혼까지 하나로 통합해 더 높은 깨달음에 이르려는 목표를 가지고 있어요. 그래서 동작 하나하나도 호흡과 마음의 움직임을 함께 살피죠. 반면 필라테스는 훨씬 현실적이에요. 몸의 중심을 바로 세우고 코어를 강화해 움직임을 더 효율적이고 균형 있게 만드는 데 초점을 맞춰요.** 마치 럭비와 미식축구가 비슷해 보여도 경기 흐름과 방식이 완전히 다른 것처럼, 요가와 필라테스도 겉으로 보면 매트 위에서 동작을 하는 점이 비슷해 보이지만, 그 속에 담긴 철학과 추구하는 바는 아주 다르답니다.

또 재미있는 건, 요가와 필라테스 모두 유연성과 균형 감각을 키우고 심신을 연결한다는 공통점이 있다는 거예요. 하지만 **요**

몸의 균형과 코어 근력을 강화하는 필라테스

가가 조용히 마음을 들여다보며 스트레스를 해소하는 데 강점이 있다면, 필라테스는 몸을 더 단단히 다져서 체형을 교정하고 부상을 예방하는 데 훨씬 더 집중해요. 그래서 같은 동작을 하더라도 요가를 할 때 경험하는 '평화로움'과 필라테스를 할 때 느끼는 '코어가 불타는 느낌'은 완전히 다를 거예요. 이런 차이 덕분에 사람들은 저마다 자신의 성격과 필요에 따라 두 운동 중 하나를 고르거나, 번갈아 즐기며 서로 다른 매력을 맛보기도 하죠.

이렇게 살펴보면 겉모습이 비슷해 보여도 종목마다 그 안에는 저마다의 오랜 역사와 철학, 그리고 특별한 가치가 숨 쉬고 있어요. 럭비와 미식축구, 요가와 필라테스 모두 자신들만의 방식으로 몸과 마음을 단련하며, 그 과정을 통해 우리에게 색다른 기쁨과 배움을 선물하죠. 그래서 우리는 **어떤 운동이든 단순히 겉모습만 보고 판단하기보다, 그 속에 담긴 이야기와 정신을 이해하며 존중할 때 더 깊이 즐길 수 있는 것 같아요.** 결국 운동도 사람처럼 각자 다른 매력을 가진 존재들이니까요.

나라마다 다르다?
스포츠 취향의 비밀

나라별로 스포츠의 인기는 정말 다르다는 사실, 알고 있었나요? 우리나라에서는 전혀 주목받지 못하는 스포츠가 다른 나라에서는 국민적인 사랑을 받는 경우가 많아요. 예를 들어 영국과 인도에서는 크리켓이 우리나라의 야구처럼 엄청난 인기를 누리고 있고, 미국에서는 미식축구가 가장 사랑받는 스포츠지만, 우리나라에서는 잘 알려지지 않은 편이에요.

물론 축구나 농구처럼 여러 나라에서 공통적으로 인기 있는 스포츠도 있지만, 그 종목이 한 나라에서 특히 많은 사랑을 받게 된 데에는 역사적인 배경과 문화적인 이유, 그리고 지역적인 특성이 크게 작용해요. 그래서 한 나라에서 사랑받는 스포츠를 들여다보면, 그 사회가 어떤 역사와 삶의 방식을 살아왔는지도 보이게 돼요. 이런 차이점들을 따라가다 보면, 스포츠가 게임을 넘어 각 나라의 문화와 정체성을 보여 주는 중요한 창이라는 생각이 자연스럽게 들어요. 이제 몇 나라의 사례로 더 자세히 살펴볼게요.

호주 WACA 구장에서 열린 국제 크리켓 위원회icc 여자 월드컵 경기 현장
©Bahnfrend

방글라데시의 크리켓cricket

방글라데시에서는 크리켓이라는 스포츠가 국민적인 인기를 끌고 있어요. 우리나라 사람들에게는 다소 생소한 종목이지만, 사실 크리켓은 전 세계적으로 엄청난 사랑을 받고 있는 스포츠 중 하나랍니다. 실제로 4년마다 열리는 크리켓 월드컵은 전 세계 시청률에서 축구 월드컵과 올림픽에 이어 3위를 기록할 정도로 큰 관심을 받고 있어요. 방글라데시에서 크리켓이 이렇게 사랑받게 된 이유를 살펴보면, 그 나라의 역사적인 배경과 사회적 환경을 살펴볼 수 있어요. **방글라데시는 과거 약 200여 년 동안 영국의 지배를 받았는데, 이때 영국으로부터 크리켓이 자연스럽게 전파되었다고 해요.** 또 방글라데시는 보수적인 이슬람 국가이다 보니 사람들이 함께 즐

길 수 있는 스포츠 종목이 많지 않은데, 크리켓만큼은 다른 스포츠보다 훨씬 큰 인기를 누리고 있어요.

크리켓은 배트와 공을 사용하는 단체 경기로, 얼핏 보기에 야구와 비슷해 보이지만 전혀 다른 규칙을 가진 독특한 스포츠예요. 특히 크리켓 경기는 진행 방식이 독특한데요, 국가대표팀 간의 경기는 무려 5일 동안 이어지고, 하루 경기 시간만 약 7시간에 달한다고 해요. 여기에 점심시간과 티타임, 그리고 수분 섭취를 위한 휴식 시간까지 정해져 있어 경기 자체가 매우 길게 진행돼요. 프로팀 간의 경기도 최소 4일간 이어지는 경우가 많다고 하니, 크리켓만의 여유로움과 인내심이 돋보이지 않나요? 이처럼 길게 진행되는 경기 방식 때문에 방글라데시에서는 "할 일이 없으면 크리켓을 본다"라는 다소 유쾌한 농담이 생길 정도로 크리켓이 일상에 깊숙이 자리 잡고 있어요. 방글라데시에서 크리켓은 단순한 스포츠를 넘어 역사와 문화, 그리고 일상을 함께하는 특별한 의미를 지닌 존재라고 할 수 있어요.

필리핀의 농구

필리핀에서는 농구가 단연 최고 인기 스포츠로 자리 잡고 있어요. 길거리를 걷다 보면 어디에서나 농구 코트와 농구를 즐기는 사람들을 쉽게 볼 수 있어요. 각 대학에서는 농구팀을 필수적으로 운영하고 있을 정도로 농구는 필리핀 국민들의 삶과 밀접하게 연결되어 있어요. 심지어 길거리에서 농구를 하는 사람들을 위해

필리핀 푸에르토 프린세사에서 열린 농구 경기
©William Kirk

차량을 통제하는 경우도 있다고 하니 필리핀에서 농구의 인기를 실감할 수 있죠. 필리핀에 농구가 처음 전파된 것은 약 100여 년 전, 미국의 식민 지배 시기였어요. 당시 미국인들은 YMCAYoung Men's Christian Association 프로그램을 통해 필리핀 사람들에게 농구를 가르치기 시작했는데, 필리핀 사람들은 곧 농구의 매력에 푹 빠지게 되었어요. 이러한 역사적 배경 덕분에 **필리핀은 미국의 NBA 다음으로 세계에서 가장 오래된 프로 농구 리그인 필리핀 농구 리그**PBA, Philippine Basketball Association**를 보유한 나라로 성장하게 되었답니다.**

필리핀 농구는 그 특징도 매우 흥미로운데요. **필리핀은 미국의 영향을 받은 탓에 농구 플레이 스타일 역시 팀 전술보다는 개인 기량을 중심에**

두고 있어요. 빠르고 저돌적인 돌파 플레이를 선호하는데, 이러한 공격적이고 역동적인 스타일이 필리핀 농구 리그의 매력으로 자리 잡았다고 해요. 필리핀 사람들이 자신들의 농구 리그를 특별히 사랑하는 이유 중 하나가 바로 이 다이나믹한 플레이 스타일 때문이라는 점도 재미있는 부분이죠. 농구는 단순한 스포츠를 넘어 필리핀에서 하나의 문화로 자리 잡았어요. 농구를 사랑하는 필리핀 사람들의 열정은 세계적으로도 손꼽힐 만큼 대단하답니다.

인도네시아의 배드민턴

인도네시아 사람들은 자국의 세계적인 배드민턴 실력을 매우 자랑스러워해요. 배드민턴의 인기가 높은 이유도 바로 여기에 있답니다. **배드민턴은 다른 스포츠와 달리 선수의 체격이 경기력에 큰 영향을 미치지 않기 때문에, 체격이 작아도 몸놀림이 빠르고 기술이 뛰어난 인도네시아 선수들이 국제 대회에서 두각을 나타낼 수 있었어요.** 이런 성공 사례를 볼 때마다 인도네시아 국민들은 자연스럽게 배드민턴에 열광하며 사랑하게 된 것이죠. 세계 대회에서 메달을 따 오고, 다른 선수들을 가볍게 이기는 자국 선수들의 모습은 국긍적인 자부심으로 이어지고 있어요.

재미있는 점은, 인도네시아에서는 "부자가 되는 지름길은 배드민턴을 잘하는 것이다"라는 말이 있을 정도로 배드민턴이 신분 상승의 기회로 인식된다는 거예요. 실제로 인도네시아의 유명 배드민턴 선수들은 일반인들의 월급을 훨씬 초월하는 투어 상금

프랑스 오픈 혼합복식

©Pierre-Yves Beaudouin

을 받을 뿐만 아니라, 대기업들의 후원 덕분에 안정적으로 생활할 수 있다고 해요. 이러한 부와 명성을 꿈꾸며 현재도 많은 선수들이 인도네시아 배드민턴 협회에 등록해 연습에 매진하고 있답니다. 이처럼 배드민턴이 신분 상승의 수단으로 여겨지는 현실에 대해 비판의 목소리도 높아요. 그러나 한편으로는 이런 탄탄한 인프라와 높은 동기 부여가 인도네시아를 세계 배드민턴 강국으로 만든 원동력이라는 시각도 있죠. 어찌 되었든 배드민턴은 인도네시아에서 단순한 스포츠를 넘어 국민적 자부심의 상징이자 삶을 변화시킬 수 있는 중요한 장르로 자리 잡고 있다고 할 수 있겠네요.

베트남의 축구

베트남에서 가장 인기 있는 스포츠는 단연 축구예요. 베트남 사람들은 축구를 직접 하는 것도 좋아하지만, 축구 경기를 관람하는 데 더 큰 열정을 쏟는답니다. 특히 베트남과 최대 라이벌인 태국과의 경기는 전국적인 열기를 불러일으키는 특별한 이벤트예요. 우리나라의 한일전과 비슷한 분위기를 떠올리면 이해하기 쉬울 거예요. 평소에는 축구에 큰 관심이 없던 사람들조차도 이 경기가 열릴 때면 길거리에 모여 국가대표팀을 열렬히 응원해요. 승리를 거둔 날에는 수많은 베트남 사람들이 오토바이를 타고 밤새 도시를 누비며 환호한다고 하니, 축구에 대한 그들의 열정이 얼마나 대단한지 느낄 수 있죠. 축구로 애국심을 드러내는 모습이 우리나라와 닮아 있어 공감을 불러일으킵니다.

특히 **베트남에서 축구의 인기가 폭발적으로 증가한 데에는 한국의 박항서 감독의 영향이 커요. 2017년 베트남 축구 대표팀 감독으로 부임한 박 감독은 베트남 축구를 한 단계 도약시키며 국민적 영웅으로 자리 잡았어요.** 그는 2018년 아시아축구연맹AFC U-23 챔피언십에서 베트남을 준우승으로 이끈 것을 시작으로, 동남아시안게임(SEA 게임)에서 베트남에 금메달을 안기는 등 탁월한 지도력을 보였답니다. 베트남 국민들은 그를 '거스 히딩크'에 비유하며 "박항서 매직"이라는 표현을 사용할 정도로 존경과 감사를 표하고 있어요. 그의 활약은 베트남 축구에 대한 자신감을 크게 높였고, 축구 열기가 더욱 고조되는 계기를 만들었죠.

그러나 이렇게 폭발적인 축구 열기 뒤에는 쓸쓸한 이면도 존재해요. 베트남에서 축구 열기가 이토록 뜨거운 이유 중 하나는 축구와 깊이 얽혀 있는 도박 문화 때문이에요. "걸 것이 없으면 마누라라도 걸고 축구를 본다"라는 말이 있을 정도로 베트남에는 축구 경기에 돈을 거는 사람들이 많다고 해요. 이는 공산주의 국가인 베트남에서 도박이나 복권이 그나마 인생 역전을 꿈꿀 수 있는 소수의 기회로 여겨지고 있기 때문이라고 해요. 한편으론 축구를 매개로 한 이런 모습이 기회와 희망을 갈망하는 베트남 사람들의 현실을 보여 주는 단면처럼 느껴지기도 합니다. 그럼에도 불구하고 베트남 사람들에게 축구는 단순한 스포츠를 넘어선 특별한 의미를 지니고 있어요.

몽골의 부흐Bökh

몽골에서 가장 인기 있는 스포츠는 부흐예요. 부흐는 우리나라의 씨름과 유사한 전통 스포츠로, 몽골인의 강인한 체력을 상징하는 중요한 문화 중 하나로 자리 잡고 있어요. 그러나 씨름과는 몇 가지 차이점이 있는데요. 부흐의 복장은 샅바 대신 조끼와 짧은 바지, 그리고 부츠로 구성되어 있어 독특한 매력을 발산해요. 부흐의 경기 규칙은 매우 간단합니다. 상대방의 무릎이나 팔꿈치가 땅에 닿거나 상대방이 완전히 넘어지면 승리하는 방식이에요. **우리나라 씨름이 상대를 잡고 시작하는 것과 달리, 부흐는 두 선수 간 거리를 두고 경기를 시작하기 때문에 레슬링이나 일본의 스모와도 유사한 느낌을 줘**

운동장엔 없던 스포츠 이야기

세계가 인정한 피지컬, 몽골인의 자존심을 담은 스포츠 부흐
©Paulo Fassina

요. 흥미로운 점은 부흐 경기에는 시간 제한이 없다는 거예요. 승패가 결정날 때까지 몇 시간을 넘게 이어지는 경기도 있다고 하니 인내심과 체력을 겸비한 운동이라고 할 수 있죠.

부흐는 그 역사가 깊어요. 12~13세기 칭기즈칸 시대로 거슬러 올라가는데요, 당시 부흐는 병사들의 신체 단련과 훈련을 위해 장려되었다고 해요. 이후 몽골에서는 국가의 중요한 행사나 도시 축제마다 부흐 대회가 열리며 전통 스포츠로 정착하게 되었어요.

대회에서 우승한 선수들은 국민적 영웅으로 추앙받는 만큼 몽골 남자라면 누구나 부흐의 우승자를 꿈꾼다고 해요. 특히 부흐가 몽골에서 꾸준한 인기를 끌 수 있었던 이유는 장소나 시간에 구애받지 않고 어디서나 즐길 수 있는 간편한 경기 방식 때문이에요. 유목민이 많은 몽골에서는 거주지를 자주 옮겨야 했기 때문에 부흐 같은 단순하면서도 체력을 기를 수 있는 스포츠가 오랜 시간 사랑받아 왔죠. 부흐는 단순한 스포츠를 넘어 몽골인의 강인한 정신과 전통을 상징하는 문화적 유산으로 자리 잡고 있어요. 이처럼 부흐는 몽골 사람들에게 단순한 경쟁 이상의 자부심과 정체성을 불러일으키는 중요한 스포츠죠.

이처럼 나라마다 사랑받는 스포츠는 다르지만, 그 속에는 각 사회의 역사와 문화, 그리고 사람들의 삶이 고스란히 담겨 있어요. 크리켓, 농구, 배드민턴, 축구, 부흐 모두 단순한 경기를 넘어 국민들의 열정과 정체성을 보여 주는 상징이 되었죠.

스포츠는 공 하나, 매트 하나를 두고 펼쳐지는 놀이가 아니라, 한 나라 사람들의 가치관과 생활 방식을 비추는 거울이에요. 그래서 세계의 다양한 스포츠 문화를 이해하는 것은 곧 그 나라를 더 깊이 이해하는 또 다른 길이라고 할 수 있어요.

인간의 한계
알수록 놀라운 스포츠 신기록

TV나 뉴스에서 스포츠 선수가 세운 신기록을 보면 입이 딱 벌어질 때가 있어요. '사람이 진짜 이렇게 할 수 있어?' 하고 놀라게 되죠. 그런데 그런 기록은 단순히 재능이 좋아서 되는 게 아니에요. 오랜 시간 동안 흘린 땀과 눈물, 그리고 자기 자신과의 싸움 끝에 만들어진 결과랍니다. 오늘은 인간의 한계를 넘어선 몇 가지 스포츠 신기록들을 함께 살펴보면서 그 안에 담긴 감동과 놀라움을 느껴 볼 거예요.

달리기를 정말 잘하는 사람을 보면 종종 "우사인 볼트 같다!"라는 말을 하곤 하죠. 실제로 **우사인 볼트는 세계에서 가장 빠른 남자**라는 **별명을 가진 육상 선수예요.** 2009년 세계육상선수권대회에서 100m를 단 9.58초 만에 주파하며 세계 신기록을 세웠어요. 그의 최고 속력은 시속 44.72km였어요. 상상이 잘 안 되죠? 좀 더 쉽게 말하자면, 자동차가 달리는 속도와 거의 비슷해요.

우리나라의 어린이 보호구역에서는 시속 30km 이상으로 달리면 안 되는데요, 볼트는 전력 질주하면 이 속도를 14km 이상 초과하게 돼요. 물론 사람이라서 벌금은 안 내겠지만요! 더 놀라운 건, 그가 100m 결승선에 도달하기 전에 이미 앞서 나간 걸 확인하고 속도를 줄였다는 사실이에요. 만약 마지막까지 최선을 다했다면 기록은 더 줄어들었을 수도 있었죠.

우사인 볼트가 100m를 몇 걸음에 달렸는지 아세요? 단 41걸음! 보통 사람은 100m를 달릴 때 50걸음을 넘겨요. 여기서 그의 걸음 하나하나가 얼마나 멀리 뻗어졌는지, 다리 근육이 얼마나 강했는지 짐작할 수 있죠. 이처럼 '빠름의 끝'을 보여 준 볼트의 기록은 지금까지도 깨지지 않고 있어요.

이와는 반대로, '빠르게'가 아니라 '오래, 꾸준히 달리는 것'으로 기록을 세운 사람도 있어요. **영국의 에드워드 몰리노는 1년 동안 무려 하프 마라톤을 465번이나 완주했어요.** 하프 마라톤은 21.1km나 되는 거리인데, 그는 이를 하루에 한 번, 많을 땐 두 번까지도 달렸다고 해요. 매일 달리고, 쉬지 않고 뛴 끝에 전 세계 누구도 해 보지 못한 기록을 세운 거죠. 이 기록은 단순한 체력보다도 꾸준함과 인내심의 힘을 보여 주는 멋진 사례예요.

다음 기록은 조금 색다른 종목이에요. 이름도 생소할 수 있는데, 바로 프리다이빙이라는 스포츠예요. 말 그대로 산소통 없이 맨몸으로 잠수하는 건데요, 크로아티아의 프리다이버 비토미르 마리치치 선수는 물속에서 무려 29분 3초 동안 숨을 참고 버티는 데 성공했어요. 생각해 보세요. 여러분은 물속에서 얼마나 숨을

우사인 볼트가 인간의 한계에 도전하는 순간
©Erik van Leeuwen

참을 수 있나요? 아마 30초, 길어야 1분이 한계일 거예요. 그런데 29분이라니요! 단순히 숨을 참고 있기만 한 것이 아니라, 물속이라는 압박감 속에서 정신력을 끝까지 유지해야 했어요. 이런 놀라운 기록은 단지 폐활량이 크다고 가능한 것이 아니에요. 선수들은 평소에 호흡 훈련은 물론이고, 명상과 같은 정신 집중 훈련도 꾸준히 해요. 숨을 깊이 들이마셔서 몸 안에 산소를 최대한 저장하고, 심박수를 낮춰 산소 소비를 최소화하는 것이 핵심이죠.

이런 기록은 몸과 마음을 완벽하게 통제해야만 가능한 일이죠.

이런 지구력의 끝을 보여 주는 사례가 또 있어요. **호주의 필 고어는 '백야드 울트라'라는 시간당 한 바퀴**(6.7km)**를 달려야 하는 경기에서 119바퀴를 반복해서 달려 총 800km 가까이 뛰었어요.** 그는 잠도 거의 못 자고 5일 동안 쉬지 않고 달리며, 정신과 체력의 끝을 넘나들었어요. 단거리 속도 기록도 멋지지만, 이렇게 끝없는 반복 속에서도 포기하지 않는 인내의 기록도 감동적이죠.

이처럼 포기하지 않고 도전하여 한계를 넘어선 사람이 있다면, 학교 교실 천장을 뛰어넘을 만큼 놀라운 점프력을 보여 준 선수도 있어요. 바로 **쿠바의 하비에르 소토마요르** 선수예요. **그는 1993년 2.45m라는 높이를 뛰어넘었고, 이 기록은 2025년 현재까지도 깨지지 않고 있어요.** 2.45m가 얼마나 높은지 감이 안 온다면 이렇게 상상해 보세요. 축구 골대의 높이, 아파트 1층 천장, 배구 남자 경기의 네트 높이와 거의 비슷해요. 보통 사람이 손을 쭉 뻗어도 닿기 힘든 높이죠. 그런데 한 명의 인간이 달려와서 그 높이를 거뜬히 넘었다는 사실이 정말 놀라워요.

이처럼 스포츠 세계에는 놀라운 기록들이 존재해요. 하지만 이 숫자들보다 더 값진 건, 그 기록을 만들어 낸 사람들의 끊임없는 도전과 노력이에요. 실패를 반복하고, 끝없이 훈련하고, 때로는 포기하고 싶을 때마다 다시 일어나며 만들어 낸 결과죠.

이런 이야기를 통해 우리는 배울 수 있어요. 사람은 생각보다 훨씬 강한 존재라는 것, 그리고 노력은 절대 배신하지 않는다는 것을요. 다음에 여러분이 운동장에서 달릴 때, 숨이 차서 포기하고 싶을 때, "볼트도 포기하지 않았잖아", "나는 나만의 기록을 세우는 중이야"라고 생각해 보세요. 신기록은 누구에게나 열려 있어요. 그리고 다음 주인공은 바로 여러분일 수도 있답니다.

세계는 왜
이렇게
다르게
뛸까?

룰을 알면 경기가 보인다

ROUND 5

룰 밖의 룰
스포츠의 보이지 않는 약속들

스포츠 경기에서는 종종 이해할 수 없는 장면들을 볼 수 있어요. 야구 경기에서 타자가 멋진 홈런을 치고 배트를 던졌는데, 다음 타석에서 투수가 타자를 향해 몸쪽으로 공을 던지는 빈볼 공방이 일어나기도 하죠. 이는 단순한 우연이나 실수가 아니라 고의적으로 던지는 것이에요. 왜 투수는 타자에게 고의로 공을 던져 몸에 맞춘 걸까요? 바로 '불문율'이라는 암묵적인 룰 때문이에요.

불문율은 법이나 규칙으로 적혀 있지 않지만, 모두가 '지켜야 한다'고 여기는 약속 같은 거예요. 예를 들면 급식 줄은 먼저 온 순서대로 서고 새치기를 하지 않기가 불문율이겠죠. 스포츠에도 이런 불문율이 곳곳에 숨어 있어요. 지금부터 다양한 종목에서 어떤 불문율이 있는지 알아볼게요.

야구 배트를 던지면 안 돼요?

야구에서는 홈런을 친 뒤 멋지게 배트를 던지는 '배트 플립bat

홈런! 배트 플립으로 표현하라
©Minda Haas Kuhlmann

flip'이 관중에게는 멋진 장면이지만, 상대 선수에겐 도발로 받아들여질 수 있어요. 그래서 그다음 타석에서 보복성으로 몸쪽 공을 던지는 일이 생기기도 해요. 이런 배경에는 "상대를 존중하자"라는 야구의 불문율이 있어요. 하지만 요즘에는 홈런을 치고 기뻐하는 선수들을 향한 시선도 조금씩 바뀌고 있어요. "투수는 아웃시켰을 때 환호하는데, 타자는 왜 안 돼?"라는 의견도 많거든요. **실제로 메이저리그에서는 배트 플립을 개성으로 인정하는 분위기로 바뀌는 중이에요.**

축구 부상 선수를 위해 공을 멈춰요!

축구에서는 선수가 다쳐서 필드에 쓰러지면, 같은 팀뿐만 아니라 상대 팀 선수도 공을 밖으로 차 내는 경우가 많아요. 이건 규칙이 아니라 서로 배려하자는 불문율이에요. 하지만 정말 다친 건지, 시간 끌기인지 애매한 경우도 있어요. 특히 공격 찬스에서 상대 선수가 일부러 넘어진 것 같으면 화가 날 수도 있죠. 게다가 공을 밖으로 내보낸 팀에게 상대가 공을 다시 돌려주지 않으면 문제가 커지기도 해요.

실제로 2011년 AFC 챔피언스리그 4강전에서 수원 삼성과 알 사드의 경기에서 이런 일이 있었어요. 수원이 부상 선수 때문에 공을 밖으로 보냈는데, 알 사드는 그 공을 돌려주지 않고 그대로 공격해 골을 넣었어요. 결국 선수들과 관중이 충돌하는 큰 소동으로 이어졌답니다.

농구 이기고 있을 땐 마지막 공격을 하지 않아요?

농구에서는 경기 막판에 점수 차이가 크면 공격을 하지 않는 경우가 있어요. "이미 이긴 경기인데 굳이 더 점수 낼 필요 없지!"라는 불문율이죠. 이를 '가비지 타임garbage time'이라고 부르는데요, 이때는 주전 선수가 아닌 후보 선수들이 주로 뛰어요. 하지만 모든 팀이 이 원칙을 지키는 건 아니에요. 2020년 원주 DB와 서울 SK 경기에서 원주 DB가 이기고 있는 상황에서, 두경민 선수가 경기 종료 직전 3점슛을 넣었어요. 서울 SK는 "이건 예의가 아니다!"라고 항의했죠. 하지만 DB는 "득실 차가 순위에 영향을 주기 때문에 끝까지 최선을 다한 것"이라고 했어요. 서로의 입장도 이해가 가죠? 결국 중요한 건 상대를 존중하면서도, 팬들에게 최선을 다하는 모습이에요.

그렇다면 불문율, 계속 지켜야 할까요? 불문율은 정해진 규칙은 아니지만 상대에 대한 배려에서 시작된 약속이에요. 하지만 시대가 바뀌면서 스포츠의 분위기도 달라지고 있어요. 예전엔 농구에서 '덩크슛'이 상대를 모욕하는 행동처럼 여겨져서 덩크를 한 선수에게 일부러 부딪히기도 했어요. 하지만 지금은 덩크슛이 농구의 꽃이 되었고 관중도 열광하죠. 야구에서도 '9회말 2아웃부터'라는 말처럼 경기가 끝날 때까지 포기하지 않는데, 어떤 팀은 점수 차가 나더라도 계속 최선을 다해요. 그런데 그걸 "불문율을 어긴 것"이라고 비난해야 할까요?

불문율은 서로를 배려하고 존중하려고 만들어진 암묵적인 약속이에요. 하지만 **시대와 환경이 바뀌면서 모든 불문율이 계속 유지되어야 하는지는 생각해 볼 문제예요.** 경기에서 이기든 지든, 가장 중요한 건 상대를 존중하고 정정당당하게 싸우는 스포츠 정신이라는 걸 잊지 말아야 해요. 규칙에 없어도 서로를 배려하는 마음이야말로 진짜 스포츠맨십 아닐까요?

0.3점의 인사
인사 한 번에 사라진 금메달

2018년 인도네시아 아시안게임에서 우리나라 김한솔 선수는 도마 결선에 출전했어요. 힘차게 도약해 공중에서 회전하고 안정적으로 착지하자, 모두가 금메달을 확신했어요. 실제 점수도 높았어요. 1차 시기 14.875점, 2차 시기 14.525점, 평균 14.688점이면 금메달을 기대할 수 있는 점수였어요.

하지만 **최종 점수는 14.550점으로 낮아졌어요. 금메달이 아닌 은메달이 주어진 이유는 단 하나, 연기를 마친 뒤 심판에게 고개 숙여 인사하는 절차를 깜빡했기 때문이에요. 체조에서는 인사를 하지 않으면 0.3점이 감점되도록 규정되어 있어요.**

김한솔 선수는 시상대 위에서 눈물을 흘렸어요. 작은 실수가 결과를 바꿨다는 걸 알고 있었기 때문이에요. 하지만 그는 변명하지 않았어요. 조용히 고개를 숙이고 그 경험에서 얻은 교훈을 마음속에 깊이 새겼을 거예요. 이 장면은 많은 사람들에게 감동을 주었어요. 실수 앞에서 책임지는 태도, 예의를 중시하는 마음,

그리고 스포츠의 진정한 가치를 보여 주었기 때문이에요.

체조는 단순히 기술만 겨루는 종목이 아니에요. 시작과 끝을 알리는 인사에는 심판과 관중, 그리고 종목 자체에 대한 존중이 담겨 있어요. 인사를 하지 않으면 감점되는 이유가 바로 여기에 있어요.

이런 예의는 체조만의 것이 아니에요. 유도, 태권도, 펜싱 같은 종목에서도 상대 선수와 심판에 대한 존중은 기본이에요. 스포츠가 단순한 경쟁을 넘어, 사람과 사람 사이의 약속과 존중 위에 서 있다는 걸 보여 주는 거예요.

김한솔 선수가 놓친 것은 금메달이었지만 우리에게 남긴 것은 더 값진 가르침이었어요. 실수는 누구나 하지만 경험을 통해 배우고 다시 도전할 때 진정한 성장이 이루어진다는 것을 알려 주었어요. 그리고 예의와 책임, 정직함이 메달보다 더 소중한 가치라는 사실도 일깨워 주었어요.

실제로 그는 그 자리에 머물지 않았어요. 더 열심히 훈련한 끝에 2019년 하계유니버시아드 도마 종목에서 금메달을 차지했어요. 이번에는 실력도, 예의도 완벽했어요. 김한솔 선수의 이야기는 우리에게 말해요. 스포츠의 진짜 아름다움은 승리보다 '실수에서 배우고 다시 일어서는 용기에 있다'는 것을요.

알쏭달쏭 헷갈리는
스포츠 규칙 ①

운동 경기를 보다 보면 고개를 갸웃하게 만드는 장면이 나올 때가 있어요. "어? 저건 반칙 아냐?", "왜 심판이 저렇게 판정했지?"라는 의문이 드는 순간 말이에요. 우리가 잘 알고 있다고 생각하는 축구, 배구, 야구 같은 스포츠에도 의외의 규칙들이 많고, 때때로 그 규칙 하나가 경기의 흐름을 완전히 바꾸기도 해요. 오늘은 이런 스포츠 속 알쏭달쏭한 규칙들을 이야기해 보려고 해요. 이 이야기를 알고 나면 다음에 경기를 볼 때 훨씬 더 재미있고 똑똑하게 즐길 수 있을 거예요.

먼저 축구 이야기부터 해 볼까요? 축구에서 골키퍼는 오직 혼자서만 손을 쓸 수 있는 특별한 포지션이에요. 그래서 대부분의 사람들은 골키퍼는 언제 어디서든 손으로 공을 잡아도 된다고 생각하죠. 하지만 정말 그럴까요? 2020년 도쿄 하계올림픽 조별 리그 경기에서 우리나라 대표팀이 루마니아와 맞붙었을 때, 전반 33분에 아주 흥미로운 상황이 나왔어요. 우리 팀이 1:0으로 앞서

던 상황에서 골키퍼 송범근 선수가 수비수 원두재의 백패스를 받았어요. 그런데 그 공을 발로 멈춘 뒤 줄 곳이 없자 골 에어리어 안에서 손으로 잡아 버린 거예요. 그러자 심판은 바로 간접 프리킥을 선언했어요. 많은 사람들이 놀랐고, 중계진도 당황했죠.

사실 이건 국제축구평의회IFAB 규정에 명확히 나와 있는 반칙이에요. 동료 선수가 의도적으로 킥한 공을 골키퍼가 손으로 잡으면 반칙이라는 규칙이에요. 즉 **'고의적인 백패스'는 골키퍼라도 손을 써서는 안 되는 상황인 거예요.** 실수로 맞고 흘러온 공이라면 괜찮지만, 발로 명확히 전달한 백패스는 절대 손으로 잡아서는 안 돼요. 이 외에도 골키퍼가 손으로 공을 6초 이상 잡고 있거나, 동료가 던진 스로인을 손으로 바로 잡는 경우에도 간접 프리킥이 주어지죠. 국가대표급 선수들도 이런 규칙들을 놓칠 때가 있어서 경기 중 실수로 반칙이 일어나기도 해요. 그러니 축구를 좋아하는 우리도 이런 규칙을 알고 있다면 더 똑똑한 팬이 될 수 있어요.

다음은 배구 이야기예요. 우리는 배구를 '손으로 하는 스포츠'라고 배워 왔어요. 실제로도 대부분의 플레이는 손과 팔을 이용해 이뤄지죠. 그런데 체육 시간에 축구를 잘하는 친구가 공을 발로 차서 네트 너머로 넘기는 걸 본 적 있지 않나요? 그걸 본 다른 친구들이 "저거 반칙 아니야?" 하고 속삭이기도 해요. 하지만 여기서 반전이 있어요. 발로 넘겨도 괜찮다는 거죠!

배구 규칙이 처음부터 그렇게 유연했던 건 아니에요. 초기에는 상체만 사용할 수 있었어요. 하지만 시간이 지나면서 스파이크 속도가 빨라지고 경기 흐름이 더 역동적으로 변하면서, 손과 팔만으로는 공을 살리는 데 한계가 있다는 의견이 많아졌어요. 그래서 1942년에 무릎 위까지만 사용 가능하다고 규칙이 바뀌었고, **1994년에는 신체 어느 부위든 사용해도 된다고 다시 개정됐어요. 지금은 머리, 어깨, 발까지 자유롭게 사용할 수 있어요.** 실제로 세계적인 리베로 선수들이 다이빙(공을 살리기 위해 몸을 던지는 수비 동작)하며 발로 공을 살리는 장면도 자주 등장하죠.

단 예외도 있어요. 바로 서브할 때는 반드시 손과 팔만 써야 한다는 거예요. 아무리 발이 편해도 발로 서브를 넣으면 그건 규칙 위반이랍니다. 그러니까 체육 시간에 발로 공을 넘겼다고 해서 부끄러워할 필요는 없어요. 오히려 재치 있는 플레이일 수도 있으니까요. 다만 서브는 반드시 손으로! 이건 꼭 기억해 둬야 해요.

이번에는 야구 이야기를 해 볼게요. 야구는 경기 중 다양한 돌발 상황이 발생하는 스포츠예요. 이런 야구의 특성을 잘 보여 주는 일이 2001년 3월 25일, 미국 메이저리그 경기에서 실제로 벌어졌어요. 애리조나 다이아몬드백스의 투수 랜디 존슨이 시속 160km가 넘는 강속구를 던졌는데, 공이 타자에게 가기 직전 갑자기 날아오던 비둘기를 정통으로 맞춘 거예요. 새는 바로 땅에 떨어졌죠. 경기장은 일순간 충격과 놀라움에 빠졌죠. 관중도, 해설자도, 심판도 이게 무슨 상황인지 잠시 멍해졌다고 해요. 이 장면은 지금도 야구 팬들 사이에서 전설처럼 회자되고 있어요.

이 상황에 대한 야구 규칙도 명확히 정해져 있어요. **투수가 던진 공이 새나 외부 물체에 맞았을 경우 '볼 데드'를 선언하고 그 투구는 무효로 처리돼요.** 볼 데드는 경기가 일시적으로 중단되는 상황을 말하는데, 다시 말해 이 투구는 없던 일로 간주되고 다시 던지게 되는 거죠. 하지만 여기서 흥미로운 점은, 타자가 친 공이 새에 맞거나 야수가 송구하는 도중 새에 맞았을 때는 볼 데드가 선언되지 않고 경기가 계속된다는 거예요. 이럴 땐 자연스러운 경기 상황으로 보고 플레이를 이어 가는 거예요.

이처럼 스포츠 규칙은 우리가 몰랐던 흥미로운 부분이 가득해요. 겉보기엔 단순한 경기 같아도, 그 안에는 복잡하고 세심하게 설계된 규칙들이 자리 잡고 있어요. 이 규칙들은 선수들의 전략과 행동에도 큰 영향을 미쳐요. 축구에서 골키퍼가 손을 쓸 수 없을 때의 긴장감, 배구에서 발을 사용해 기적처럼 공을 살릴 때의 감탄, 야구에서 전혀 예상치 못한 일이 벌어졌을 때 당황스러움들이 스포츠를 더욱 재미있게 만드는 요소예요.

알쏭달쏭 헷갈리는
스포츠 규칙 ②

앞장에서는 축구, 배구, 야구 종목에 헷갈리는 스포츠 규칙을 알아보았다면 이번에는 농구, 탁구, 배드민턴, 테니스 종목에 숨겨진 또는 헷갈리는 규칙을 알아보도록 해요.

농구는 공중에서 펼쳐지는 동작들이 많은 만큼 규칙도 굉장히 정교해요. 예를 들어 선수가 너무 멋진 덩크슛을 하다가 골대를 망가뜨려 버리면 어떻게 될까요?

실제로 NBA 같은 리그에서는 골대를 부술 정도로 강한 덩크를 하는 선수들이 있어요. 이런 경우 멋졌어도 규칙 위반! '테크니컬 파울'이 선언되죠. 수비수가 슛을 막으려고 공을 건드리는 순간 반칙이 선언되는 경우도 있어요. 공이 아직 올라가는 중이면 괜찮지만, 공이 포물선을 그리며 내려오는 도중 건드리면 '골텐딩'이 선언되고 상대팀에게 점수가 인정돼요. 반대로 공격자가 공이 링 위에 있는 상태에서 건드려도 '인터피어런스'라는 반칙이 선언돼 득점이 인정되지 않아요. 참고로 앨리웁 덩크도 이 규칙에 걸릴 수 있지만, 관중의 재미와 흥미를 고려해서 특별히 허용되고 있어요.

탁구는 빠르고 긴 랠리가 매력적인 스포츠예요. 그런데 두 선수가 너무 잘해서 공을 계속 주고받기만 하고 점수가 나지 않는다면 어떻게 될까요? 이럴 때 등장하는 특별한 규칙이 바로 촉진 룰이에요! 심판이 "촉진 룰을 적용하겠습니다!"라고 선언하면, 그때부터는 서브를 한 점씩 번갈아 가며 넣고, 서브를 받는 선수가 공을 13번 연속으로 받아내기만 해도 1점을 얻을 수 있어요. 이 규칙이 적용되면 그 게임이 끝날 때까지 계속 따라야 해요.

촉진 룰은 공격보다 수비를 잘하는 선수에게 유리한 규칙이에요. 상대의 공을 계속 막기만 해도 점수를 얻을 수 있으니까요. 그래서 공격형 선수는 더 빨리 득점하려고 긴장하게 되죠. 이처럼 촉진 룰은 경기를 더 박진감 넘치게 만드는 탁구만의 특별한 규칙이에요!

배드민턴에서도 놀라운 규칙들이 있어요. 경기 중 셔틀콕이 천장에 닿아도 곧바로 반칙이에요. 또 셔틀콕이 선수의 머리카락에 닿는 경우도 반칙인데, 이는 머리카락도 신체 일부로 보기 때문이에요. 셔틀콕이 경기 중에 완전히 부서진 경우에는 해당 포인트는 무효로 처리되고 다시 경기를 시작해요.

배드민턴과 테니스의 서브 규칙도 다르다는 점, 알고 있었나요? 배드민턴에서는 서브에 실패하면 곧바로 상대방이 득점하게 되지만, 테니스에서는 서브에 실패해도 한 번 더 기회가 주어져요. 두 번째까지 실패하면 그제서야 상대방이 점수를 얻게 되죠.

테니스에는 또 다른 독특한 규칙이 있어요. 공이 네트 포스트에 맞고 다시 코트 안으로 들어오는 경우인데요. 단식 경기에선 네트골대가 코트 밖에 있기 때문에, 공이 맞고 안으로 들어오면 반칙이에요. 하지만 복식 경기에선 사이드 라인이 더 넓게 설정되어 있어서 같은 상황이라도 공이 들어오면 그대로 인정돼요.

"이런 규칙까지 정해야 해?"라고 생각할 수 있지만, 스포츠에서는 0.1초, 1cm 차이로 승패가 갈리기도 해요. 그래서 아주 드문 상황이라도 규칙을 미리 정해 두는 것이 중요하답니다. 그렇다고 해서 우리가 모든 규칙을 외워야 하는 건 아니에요. 중요한 건, 궁금증을 갖고 '왜 이렇게 되는 걸까?' 하고 스스로 찾아보는 습관이에요.

경기를 볼 때 단순히 점수만 보지 말고 그 안에 숨은 규칙과 이유를 이해하고 나면 훨씬 더 흥미로워질 거예요. 다음에 친구들과 여러 스포츠를 보면서 누가 반칙을 했는지, 왜 심판이 그렇게 판정했는지 이해할 수 있다면 여러분은 이미 '스포츠 규칙 마스터'인 셈이죠. 스포츠는 단지 몸을 쓰는 활동이 아니라 머리로도 즐길 수 있는 아주 똑똑한 놀이예요. 오늘 배운 이야기들을 기억하고 앞으로의 경기를 더 깊고 재미있게 즐겨 보세요.

관중의 함성
스포츠 규정을 바꾸다!

**룰을
알면
경기가
보인다**

스포츠 경기에 관중이 없는 모습을 상상해 보세요. 관중이 없다면 스포츠가 존재할 수 있을까요? 스포츠는 선수들이 하는 활동이지만, 관중의 역할이 정말 중요해요. 관중은 단순히 경제적인 이유를 넘어 스포츠 종목에 상관없이 경기의 분위기를 만들고, 선수들에게 동기부여를 주는 존재죠. 그래서 스포츠의 3대 요소를 선수, 경기장, 관중으로 보는 시각도 존재해요. 그렇기 때문에 스포츠에서는 관중의 흥미를 높이려고 규정을 변화시키기도 하고, 이러한 변화는 더 많은 관중을 끌어들이는 데 영향을 미쳐요. 결국 관중과 스포츠는 밀접하게 연결되어 있어요.

관중들을 위해 변화한 규정 중에는 여러분에게 익숙한 것들이 많아요. 농구의 24초 룰(농구에서 공격을 시작한 팀은 24초 안에 반드시 슛을 시도해야 한다는 규정)은 공격 시간을 제한해 경기 템포를 빠르게 하여 박진감 넘치는 경기를 만들어 주고, 3점슛의 도입은 전략과 득점 방식을 혁신해 더욱 흥미로운 경기를 제공해요.

탁구와 테니스에서는 탁구공을 주황색에서 흰색 공으로, 테니스 공을 흰색에서 눈에 잘 띄는 노란색 공으로 변경해 관중들이 경기를 시청하는 데 불편함이 없도록 했어요. 이 외에도, 야구의 '지명타자 제도(야구에서 투수 대신 타격만 전문으로 하는 선수를 기용할 수 있도록 한 제도)'는 공격적인 경기를 유도하여 관중이 경기를 더 흥미롭게 볼 수 있게 했고, 테니스의 '타이브레이크 시스템(테니스에서 듀스가 계속될 때, 짧은 게임으로 승부를 빨리 가리도록 만든 제도)'은 무한한 듀스 게임을 방지해 관중들이 경기에 집중할 수 있도록 도와줬어요.

관중의 의견에 따라 변경된 규정이 결국 폐지된 경우도 있어요. 2017년 축구에서는 승부차기 순서를 바꾸는 ABBA 방식을 실험했어요. 기존에는 A팀과 B팀이 번갈아 차는 방식이었지만, 첫 팀이 심리적 우위를 갖는다는 연구 결과[6]를 바탕으로 테니스의 타이브레이크를 참고해 A팀 1회, B팀 2회, A팀 2회로 순서를 변경한 거죠. 하지만 경기장 내 선수와 관중, 중계진 모두가 다음 순서를 확인하지 못해 혼란에 빠졌고, 이에 축구 팬들은 익숙했던 리듬과 전통이 깨졌다며 아쉬운 반응을 보였어요. 결국 몇 차례 실험 후 해당 방식은 중단되고 기존의 방식으로 돌아갔는데, 이는 경기의 공정성과 관중의 의견 사이에서 균형을 맞추는 것이 얼마나 어려운지를 잘 보여 주는 사례예요.

흥미로운 사례로는 2024년 파리 하계올림픽에 새롭게 정식 종목으로 채택된 '브레이킹'을 들 수 있어요. **브레이킹은 1970년대 뉴**

욕 브롱크스에서 시작된 힙합 문화의 일환으로, 젊은 세대와 도시 문화의 강한 매력을 담고 있죠. 이러한 점에 주목해 IOC는 젊은 층의 참여를 확대하기 위한 종목으로 브레이킹을 선택했죠. 원래는 예술적인 무용의 한 장르였으나, 스포츠 규칙과 채점 시스템을 적용해야 하는 도전에 직면했어요. 국제댄스스포츠연맹이 도입한 '트리비움 밸류 시스템'은 기술, 다양성, 표현력, 음악성, 창의성, 개성 등 6가지 평가 지표로 선수를 판단하는데, 이는 기존 스포츠의 점수 매기기와는 다른 '예술성' 요소를 포함해 심사 과정에서 많은 논쟁과 고민을 낳았어요. 이 과정에서 **규칙과 예술이 충돌하면서 '예술을 숫자로 평가할 수 있는가'라는 질문이 크게 부각되었고, 스포츠와 문화의 경계에 대한 흥미로운 논의가 이루어졌어요.**

야구의 규범과 문화 역시 변화하고 있어요. 메이저리그MLB는 오랫동안 '빠던(배트 플립)'을 상대를 자극하는 행동으로 금기시해 왔지만 최근에는 변화의 바람이 불고 있어요. 전통적으로 MLB에서는 타자가 홈런을 치거나 좋은 타격을 한 뒤 바트를 던지거나 플립하는 행동을 투수에 대한 도발로 간주했어요. 이로 인해 배트 플립은 종종 선수 사이의 마찰이나 벤치 클리어링 등의 몸싸움으로 번지기도 했죠. 그러나 최근 몇 년 사이 MLB 내에서도 배트 플립을 긍정적으로 바라보는 시각이 늘고 있어요. ESPN(미국의 대표적인 스포츠 전문 방송 채널)과 일부 구단, 선수들은 이런 세레모니가 젊은 팬층의 관심을 끌고 경기를 더욱 흥미롭게 만든다고 보고 있어요. 실제로 일부 경기에서는 배트 플립이 드라마틱

한 장면을 연출하며 관중들의 호응을 얻고 있고, MLB 커미셔너 롭 맨프레드도 이에 대해 "문제가 없다"라는 긍정적인 입장을 밝혔어요. 또한 코로나19 팬데믹 동안 KBO 리그를 관람한 외국인 팬들이 한국 프로야구의 '빠던' 문화에 매료되면서 MLB에서도 이러한 문화 도입에 대한 관심이 높아지는 상황이에요.

또한 포수들은 더 이상 전통적인 손가락 사인이나 복잡한 수신호를 사용하지 않고 있어요. 이는 최근 도입된 전자기기, 특히 '피치콤' 같은 사인 교환용 무선 장치의 영향 때문이에요. 포수가 버튼을 눌러 사인을 전자적으로 전달함으로써 사인 전달 과정이 간소화되고, 경기의 흐름이 빨라지며 긴장감이 높아졌어요. 주자에게 노출되는 사인 훔치기 위험도 사라졌죠. 이러한 효과로 관중들이 경기에 더욱 몰입할 수 있는 환경이 조성되고 있어요.

결국 스포츠 규정의 변화는 단순히 경기 방식을 바꾸는 일이 아니라 선수와 관중이 함께 만들어 가는 문화의 산물이자 시대적 흐름의 반영이에요. 규정이 변하면 선수들의 전략과 경기력도 달라지고, 관중의 반응 역시 크게 달라지죠. 때로는 관중의 요구로 새로운 규정이 도입되기도 하고, 반대로 낯설고 불편하다는 이유로 폐지되기도 했어요. 앞으로도 스포츠는 관중의 눈높이와 시대적 가치에 맞춰 계속 진화할 거예요. 중요한 건 변화 속에서도 스포츠가 지닌 본질적 가치와 감동은 변하지 않는다는 점이에요. 관중과 함께 만들어 가는 이 역동적인 움직임이야말로 스포츠의 매력을 가장 잘 보여 주는 부분이라고 할 수 있어요.

야구가 처음이라면
꼭 읽어야 할 이야기

여러분은 혹시 '스트라이크!' 또는 '홈런!'이라는 말을 들어 본 적 있나요? TV에서 야구 경기를 보다 보면 심판이 소리를 지르기도 하고, 관중들이 환호성을 지르며 박수를 치는 장면을 보게 되죠. 야구는 우리에게 익숙하지만, 실제로 그 규칙을 잘 아는 사람은 의외로 많지 않아요. 학교 체육 시간이나 친구들과 이야기할 때 야구 얘기가 나오면 '그건 무슨 뜻이지?' 하고 머리가 복잡해질 때도 있을 거예요. 하지만 걱정 마세요! 지금부터 여러분이 쉽게 이해할 수 있도록 야구의 기본 규칙부터 흥미로운 장면들까지 하나씩 알려 줄게요. 이 글을 다 읽고 나면, 야구가 더이상 낯선 운동이 아니라 재미있고 알고 싶은 스포츠로 바뀔 거예요.

야구는 두 팀이 공격과 수비를 번갈아 가며 점수를 겨루는 운동이에요. 하나의 팀은 공을 던지고 수비를 하고, 다른 팀은 배트로 공을 쳐서 점수를 내려고 하죠. 경기는 총 9이닝으로 구성

되어 있고, 각 이닝은 초와 말로 나뉘어요. 초에는 먼저 공격하는 팀이, 말에는 나중에 공격하는 팀이 타격을 해요. 한 팀이 공격할 때, 수비 팀이 세 명의 타자나 주자를 아웃시키면 공격과 수비가 바뀌게 돼요. 이렇게 공을 치고, 달리고, 잡고, 던지는 플레이가 반복되면서 경기가 흥미진진하게 흘러가죠.

야구는 어떤 경기장에서 펼쳐질까요? 야구장은 아주 특별한 모양이에요. 우리가 흔히 아는 네모난 운동장이 아니라 마치 마름모처럼 생긴 공간이에요. 이 마름모 안에는 네 개의 베이스가 있고, 이를 '홈 베이스', '1루', '2루', '3루'라고 불러요. 타자가 홈에서 공을 치면 1루, 2루, 3루를 거쳐 다시 홈으로 돌아와야 점수가 인정돼요.

홈 베이스 근처에는 투수와 포수가 있어요. 투수는 마운드라고 불리는 언덕 위에서 공을 던지고, 포수는 그 공을 받아요. 내야에는 1루수, 2루수, 유격수, 3루수가 포진하고 있고, 외야에는 좌익수, 중견수, 우익수가 있답니다. 이렇게 총 9명이 수비를 하게 되며, 모두의 위치와 역할이 달라요. 하나의 공이 움직일 때마다 이 선수들이 협력해서 수비를 해내는 모습은 정말 멋지답니다.

야구에서 가장 중요한 규칙 중 하나는 '스트라이크'와 '볼'이에요. 투수가 던진 공이 타자의 배트가 닿을 수 있는 영역, 즉 스트라이크 존을 통과하면 스트라이크가 선언돼요. 이 스트라이크는 타자가 치지 않아도 인정되고, 세 번의 스트라이크가 쌓이면 타자는 아웃이 돼요. 반대로 공이 스트라이크 존을 벗어나면 '볼'이라고 하는데, 이 볼이 네 번 쌓이면 타자는 공을 치지 않고도 1루로 걸어 나갈 수 있어요. 이것을 '볼넷'이라고 해요.

타자는 공을 치는 역할을 해요. 배트로 공을 잘 맞히면 1루나 그 이상으로 달릴 수 있어요. 공을 친 후 바로 1루로 달리는데, 수비수가 빠르게 공을 잡아서 아웃시키기 전에 베이스를 먼저 밟으면 안전하게 세이프가 돼요. 공을 쳐서 1루, 2루, 3루, 홈까지 잘 돌아오면 팀에 1점이 추가돼요. 그중에서도 가장 화려한 점수 방식은 '홈런'이에요. 공이 외야 담장을 넘어가면 수비수가 잡을 수 없기 때문에 타자는 천천히 베이스를 돌며 점수를 얻을 수 있죠. 홈런을 칠 때 관중이 일제히 일어나서 응원하는 모습은 야구 경기의 백미 중 하나예요.

수비 쪽에서도 여러 가지 방법으로 타자나 주자를 아웃시킬 수 있어요. 투수가 던진 공에 세 번 스트라이크가 선언되면 '삼진 아웃'이 되고, 타자가 친 공이 공중에 뜬 채 수비수에게 잡히면 '뜬 공 아웃'이 돼요. 주자가 달릴 때 공을 가지고 그를 터치하면 '태그 아웃', 강제로 이동해야 하는 베이스에 수비수가 먼저 도착하면 '포스 아웃'이에요. 이런 다양한 방식으로 수비 팀은 상대 팀을 아웃시켜 공격 기회를 차단하려고 노력해요.

야구에는 다양한 용어와 기술도 있어요. '더블 플레이'는 한 번의 수비로 두 명을 아웃시키는 멋진 장면이에요. '도루'는 주자가 다음 베이스로 몰래 달려가는 기술인데, 타이밍이 정말 중요해요. '희생 플라이'는 타자가 일부러 뜬공을 쳐서 주자가 홈으로 들어오게 돕는 전략적 희생이죠. '번트'는 세게 치지 않고 살짝 공을 맞혀 주자를 진루시키는 기술이에요. 이런 다양한 기술을 보면 야구는 단순히 공을 치는 운동이 아니라 두뇌 싸움과 전략의 운동이라는 생각이 들어요.

야구는 개인의 실력도 중요하지만, 무엇보다 팀워크가 빛나는 스포츠예요. 투수는 포수의 사인을 믿고 공을 던지고, 내야수와 외야수는 서로의 위치를 잘 알고 협력해서 수비를 해요. 주자가 뛰는 타이밍도 타자와 호흡을 맞춰야 하고, 모든 플레이가 서로 연결되어서 한 명의 실수보다도 팀 전체의 협력이 더 중요하죠.

야구를 더욱 재미있게 즐기고 싶다면, 직접 경기장을 찾아가 응원해 보는 것도 좋아요. 야구장에서 들리는 응원가, 선수들의 이름을 외치는 관중의 목소리, 치킨과 탄산음료까지 곁들인 응원 문화는 야구만의 특별한 매력이에요. 또, 좋아하는 선수를 찾아 응원하다 보면 그 선수의 활약이 경기의 재미를 더해 주기도 해요. 학교에서 간단한 야구 활동을 해 보는 것도 좋아요. 플라스틱 배트와 고무공만 있어도 친구들과 미니 야구 경기를 할 수 있답니다.

이제 여러분도 야구를 조금 더 알게 되었죠? 처음에는 규칙이 어렵게 느껴질 수도 있지만, 알고 보면 이만큼 흥미롭고 전략적인 스포츠도 드물어요. 공 하나에 모두가 숨죽이고, 홈런 하나에 모두가 소리치는 야구의 세계. 그 안에는 선수들의 땀과 노력, 팀워크와 감동이 가득 담겨 있어요. 다음에 야구 경기를 보게 되면, 선수들의 움직임과 규칙을 더 깊이 이해하면서 더욱 재미있게 즐길 수 있을 거예요. 그리고 이렇게 말할 수 있겠죠.

"야구? 나 이제 좀 알지!"

5

룰을
알면
경기가
보인다

운동만큼
중요한 건
'나를
돌보는 습관'

ROUND 6

세계가 인정한 몸도 '비만'이라고요?

<피지컬: 100>이라는 방송, 혹시 보신 분 있나요? 단순한 운동 경기를 넘어서 체급과 종목의 경계를 허물고 가장 완성도 높은 신체 능력을 가려내는 서바이벌 프로그램이었죠. 격투기, 씨름, 유도, 역도 등 다양한 분야의 선수들뿐만 아니라 방송인들까지 출연해서 우리나라에 뛰어난 신체 능력을 가진 사람들이 많다는 사실을 새삼 알게 됐어요. 그중에서도 UFC 세계 랭킹 6위였던 김동현 선수는 이미 세계에서 인정받은 실력자였고, 방송에서 다른 출연자들과 맞붙을 때도 팽팽한 대결을 펼쳤어요.

<피지컬: 100> 출연진들의 운동 실력도 물론 대단했지만, 탄탄하고 멋진 몸들 또한 눈을 뗄 수 없게 만들었죠! 마치 고대 그리스와 로마 시대의 신화를 실현한 듯한 조각상들이 눈앞에 펼쳐지는데, 그 모습은 정말 압도적이었어요. 그들이 보여 준 몸은 단순한 육체가 아니라 하나의 예술 작품처럼 느껴졌죠.

옛날 그리스 사람들은 운동할 때 옷을 벗고 벌거벗은 상태로

경기를 했대요. 그래서 '벌거벗은'을 뜻하는 그리스어 '김노스
gymnos'에서 오늘날 우리가 사용하는 영어 단어 '체육관', 즉 '짐
gym'이 유래했다고 합니다. 그 당시 사람들은 건강하고 단단한 몸
이 인간의 이상적인 모습이라고 믿었죠. 지금도 우리는 운동선수
라고 하면 비만인 몸보다는 근육질의 잘 단련된 몸을 먼저 떠올
리곤 하잖아요.

재밌는 사실이 하나 있습니다. 〈피지컬: 100〉에 출연한 선수들
의 몸을 BMI(체질량지수)로 계산해 봤더니, 대부분이 과체중이나
비만에 해당한다고 해요. 정말 놀랍죠? 하지만 여기에는 숨은 비
밀이 있습니다. 비만을 판단할 때 사용하는 BMI에 대해 조금 더
이야기해 볼게요.

BMI는 19세기 초 벨기에의 천문학자이자 통계학자였던 케틀
레가 비만을 간단하게 측정하려고 고안한 지표예요. 처음에는 널
리 사용되지 않았지만, 1900년대 중반 이후 보험회사들이 고객
의 건강 위험을 평가할 때 활용하면서 점차 퍼지기 시작했고, 이
후 의학계에서도 받아들여져 현재는 병원, 학교, 보험회사 등 다
양한 영역에서 널리 쓰이고 있어요. BMI는 체중(kg)을 키(m)의
제곱으로 나누는 단순한 계산만으로 구할 수 있어, 간편하다는
장점이 있어요.

$$BMI = \frac{체중(kg)}{[신장(m)]^2}$$

예를 들어 김동현 선수의 키는 185cm이고 몸무게는 85kg인데, 이를 BMI 공식에 대입하면 약 25.42라는 체질량지수가 나와요. 그런데 이는 '중도 비만'에 해당해요. 세계적으로 인정받는 운동선수가 비만이라니, 조금 놀랍지 않나요? 사실 우리가 멋지다고 생각하는 많은 운동선수들의 BMI 수치가 비만에 가까운 경우가 많아요. **이처럼 BMI는 간단하게 측정할 수 있다는 장점이 있지만, 동시에 중요한 함정을 가지고 있답니다.**

그 함정은 바로 **근육량을 전혀 고려하지 않는다는 점이에요.** 그래서 근육이 많은 운동선수의 경우 실제로는 건강하고 체지방이 적더라도 지방이 많은 사람처럼 잘못 평가될 수 있어요. 사실 비만은 체내 지방이 지나치게 많은 상태를 의미하지만, 우리 몸은 지방뿐 아니라 근육, 뼈, 인대 등 다양한 조직으로 이루어져 있어요. 따라서 키와 몸무게만으로 건강을 평가하는 것은 한계가 있고, 체지방률, 근육량, 허리둘레 등 여러 요소를 종합적으로 살펴야 올바른 판단을 내릴 수 있어요.

우리는 이런 BMI 대신 좀 더 정확히 체성분을 살펴볼 수 있는 방법을 사용하기도 해요. 우리가 흔히 '인바디'라고 부르는 체성분 분석기가 대표적이에요. 사실 인바디는 해당 분석기를 만든 회사 이름이에요. 이 기계는 **지방과 근육, 체수분 등을 좀 더 정확히 분석해 BMI보다 훨씬 믿을 만하답니다.** 이렇게 다양한 요소를 함께 봐야 진짜 우리 몸 상태를 제대로 알 수 있어요.

우리는 '피지컬'이라는 말을 흔히 몸이 크고 근육질인 사람을

보고 쓰곤 해요. 〈피지컬: 100〉에서 '타노스'라는 별명을 가진 김민수 선수를 기억하시나요? 키와 몸도 정말 크고 단단했죠. 그래서 최고의 피지컬이라고 생각했는데 결국 우승은 하지 못했어요. 프로그램을 보면 알 수 있듯이 피지컬은 단순히 몸만 크다고 되는 게 아니에요. 어떤 스테이션은 근력을, 어떤 곳은 심폐지구력을, 또 어떤 곳은 협력이나 리더십을 요구했죠. 결국 이런 다양한 능력을 고루 갖춘 사람이 마지막에 우승했고, 진짜 최고의 피지컬로 인정받았어요.

여러분이 생각하는 최고의 피지컬은 어떤 모습인가요? 단지 몸이 큰 걸까요, 아니면 그 안에 담긴 강한 의지와 협력심일까요? 앞으로 우리는 운동하는 몸을 볼 때, 단순히 키와 몸무게 같은 **겉모습뿐만 아니라 그 안에 숨겨진 여러 가지 능력과 마음가짐까지 함께 바라보면 좋겠어요.**

운동장엔
없던
스포츠
이야기

살과 다이어트
왜 찌고 어떻게 빼야 할까?

여름이 다가오면 제일 먼저 떠오르는 단어가 뭘까요? 아마 많은 사람들이 "다이어트"라고 답할 거예요. 친구들끼리도 "살 좀 빼야겠다"라는 말은 인사처럼 자주 오가고, 인터넷에는 하루가 멀다 하고 새로운 다이어트 비법이 쏟아져 나오죠. 그런데 정작 우리는 왜 살이 찌는지, 또 어떻게 해야 건강하게 뺄 수 있는지 제대로 아는 경우가 드물어요. 살은 단순히 외모의 문제가 아니라 건강과도 깊이 연결되어 있어서, 올바르게 이해하는 것이 꼭 필요해요. 그래서 이번에는 살은 왜 찌는지, 그리고 어떻게 빼야 하는지를 함께 살펴보려고 해요.

살이 찐 상태를 뭐라고 부를까요? 바로 '비만'이에요. 비만은 단순히 보기 좋지 않은 문제가 아니라 실제로 건강에도 큰 영향을 줘요. 자존감을 떨어뜨리고 우울감을 불러올 수 있으며, 심장 질환이나 당뇨병 같은 심각한 질병의 원인이 되기도 하죠. 그래서 살을 관리한다는 건 단순한 외모 관리가 아니라 내 몸과 마음을 지키는 중요한 과정이에요.

그렇다면 도대체 살은 왜 찌는 걸까요? 원리는 의외로 간단해요. 우리가 먹는 음식에서 얻은 에너지가 몸에서 쓰는 에너지보다 많으면 남은 에너지가 지방으로 저장되는 거예요. 자동차에 기름을 많이 넣었는데 운전을 거의 하지 않으면 기름이 남는 것과 비슷하죠. 사실 우리 몸은 가만히 있을 때도, 공부를 할 때도, 잠을 잘 때도 계속 에너지를 사용해요. 문제는 **필요 이상으로 먹었을 때 생기는 '남는 에너지'가 지방으로 바뀌어 몸에 쌓이는 거예요.**

살이 찌는 원리를 알았으니 이제는 어떻게 빼야 할지도 생각해 볼 수 있겠죠. 많은 사람들이 "유산소 운동만 열심히 하면 살이 빠진다"라고 믿지만, 사실은 유산소와 무산소 운동을 함께해야 효과적이에요. **유산소 운동은 지방을 태우는 데 좋고, 무산소 운동은 근육을 키워 기초대사량을 높여 줘요.** 기초대사량이 높아지면 가만히 있을 때도 더 많은 에너지를 소비하게 되니까 살이 잘 안 찌는 체질이 되는 거예요. 특히 무산소 운동으로 탄수화물을 먼저 소모한 뒤 유산소 운동을 하면 지방 연소가 훨씬 더 잘 이루어져요. 따라서 살을 빼려면 두 가지 운동을 균형 있게 하는 것이 가장 좋아요.

운동만큼 중요한 게 식단이에요. 몸은 필요 이상으로 들어온 에너지를 지방으로 저장하니까, 한 번에 너무 많이 먹거나 혈당을 빠르게 올리는 음식을 먹으면 살이 쉽게 찌게 돼요. 콜라, 사이다, 빵, 과자 같은 음식들이 대표적이에요. 반대로 **혈당을 천천히**

운동장엔
없던
스포츠
이야기

올려 주는 잡곡밥, 감자, 호밀빵, 채소 등을 먹으면 훨씬 건강하게 관리할 수 있어요. "한 끼에 여러 색깔의 음식을 먹어라"라는 말도 바로 이런 이유에서 나온 조언이에요.

최근 주목받는 방법으로는 간헐적 단식이 있어요. 일정 시간 공복을 유지하도록 식사와 단식을 반복하는 방식인데, 공복 시간이 12시간 이상 이어지면 지방 대사가 활발해진다고 해요. 사실 저녁을 늦게 먹지 않기만 해도 아침까지 자연스럽게 12시간 공복이 되니까 우리도 간헐적 단식을 어느 정도는 실천하는 셈이에요. 그런데 많은 사람들이 무심코 하는 습관 중 하나가 바로 '야식'이에요. 밤늦게 음식을 먹으면 공복 시간이 짧아져서 지방 분해가 충분히 이루어지지 않을 뿐만 아니라, 밤에는 우리 몸의 활동량이 적기 때문에 먹은 음식이 대부분 지방으로 저장돼요. 특히 라면, 치킨, 피자처럼 기름지고 칼로리가 높은 음식은 체중 증가로 바로 이어지기 쉽죠. 결국 간헐적 단식을 잘 활용하려면 야식을 줄이는 것이 가장 기본이자 효과적인 방법이에요. 다만 사람마다 몸 상태가 다르기 때문에 무리하면 오히려 건강을 해칠 수 있어 필요하다면 전문가와 상의하는 것이 좋아요.

살을 빼는 데는 물을 자주 마시는 것도 도움이 돼요. 물은 식사 전에 포만감을 주어 과식을 막아 주고, 지방을 분해하는 데도 사용돼요. 또한 잠을 충분히 자는 것도 중요해요. **수면이 부족하면 스트레스 호르몬인 코티솔이 늘어나 폭식을 부르기 때문이에요. 우리가 스트레스를 받을 때 매운 음식이나 단 음식을 찾게 되는 것도 사실은 이런 생리적 반응 때문이에요.**

결국 살을 빼는 건 단순히 날씬해지기 위해서가 아니라 건강을 지키기 위해서 꼭 필요한 일이에요. 하지만 무조건 마른 몸만 좋다 보면 오히려 건강을 잃을 수도 있어요. 중요한 건 내 몸을 잘 이해하고, 운동과 식습관을 조금씩 꾸준히 관리해 나가는 거예요. 그렇게 할 때 비로소 외모뿐 아니라 몸과 마음 모두 건강한 나를 만날 수 있을 거예요.

비만에 관해 뭐든지 물어보세요! 우리가 몰랐던 비만의 모든 것

운동만큼
중요한 건
'나를 돌보는
습관'

"25년 뒤에는 전 세계 성인의 60%가 비만일 것."[7] 최근 보도된 이 기사는 비만 문제가 얼마나 심각한 상황인지 보여 주고 있어요. 기술과 의료 발전으로 현대사회에서는 평균 수명이 점점 늘어나고 있지만, 아이러니하게도 오늘날 우리의 건강을 위협하는 가장 큰 요인 중 하나가 바로 '비만'이에요. 현대사회에서 '비만'은 더 이상 외모나 체중만의 문제가 아니라 우리의 건강과 일상 전반에 큰 영향을 미치는 중요한 화두로 떠오르고 있어요. 그러나 비만을 둘러싼 다양한 질문들과 진실은 생각보다 복잡하고, 때로는 잘못된 정보로 인해 혼란을 주기도 해요. 이번 글에서는 여러분이 한 번쯤 궁금했을 비만에 관한 이야기들을 차근차근 풀어 볼게요.

배고프지 않은데도 계속 먹고 싶은 충동은 왜 생기는 걸까?

배고프지 않은데도 계속 먹고 싶은 충동은 감정이나 심리적인 요인과 깊은 관련이 있어요. 스트레스, 불안, 우울 같은 감정을 느낄 때 우리 몸에서는 스트레스 호르몬인 코티솔이 분비되면서 단 음식이나 고칼로리 음식을 더 갈망하게 돼요. 또 현대사회에서는 자극적이고 맛있는 음식을 쉽게 접할 수 있다 보니, 뇌가 그런 음식을 먹을 때마다 즐거움을 느껴 계속 먹고 싶어지는 습관이 생기기도 해요. 이 외에도 특정 음식이나 상황에 대한 기억이 뇌에 학습되면서 배고프지 않아도 자연스럽게 '먹고 싶다'라는 충동이 생기는 경우도 많아요.

살 빼는 데는 굶는 게 최고일까?

살을 빼려고 굶는 건 몸에 좋지 않고 오히려 역효과를 낼 수 있어요. 처음에는 체중이 줄어드는 것처럼 보이겠지만, 몸이 에너지가 부족하다고 느껴서 기초대사량이 낮아지고, 지방을 더 잘 쌓으려는 상태가 돼요. 기초대사량은 우리가 아무것도 하지 않고 가만히 있을 때 몸이 생명을 유지하기 위해 사용하는 최소한의 에너지예요. 게다가 굶으면 필요한 영양소를 못 챙기니까 피곤해지거나 면역력이 약해질 수 있고, 피부나 머릿결도 좋아지기 어려워요. 나중에는 참았던 게 한꺼번에 폭식으로 이어져서 살이 더 찔 위험도 커져요. 그러니까 굶지 말고 골고루 먹으면서 운동을 조금씩 해 나가는 게 건강하게 살을 빼는 가장 좋은 방법이에요!

비만 약의 탄생! 이제 운동 안 해도 될까?

최근 비만 치료제인 위고비Wegovy(GLP-1 유도체 약물)가 주목받으면서 "운동 없이 살을 뺄 수 있을까?"라는 기대가 커지고 있어요. 이 약물은 식욕을 줄이고 체중을 감소시키는 데 효과가 있다고 알려졌지만, 이런 비만 약만으로는 근본적인 건강 관리가 어렵다는 점도 중요해요. 예를 들어 약물로 살이 빠지더라도 근육량을 유지하거나 심장과 같은 주요 장기의 건강을 개선하려면 운동이 필수적이에요. 또한 **약물에 의존하면 체중이 다시 늘어나는 '요요 현상'이 생길 가능성도 커서 전문가들은 지속 가능한 체중 관리를 위해 균형 잡힌 식사와 운동을 병행해야 한다고 강조**하고 있어요. 약물은 보조적인 도구일 뿐 건강한 생활 습관이 뒷받침되지 않으면 장기적인 효과를 기대하기 어렵답니다.

나는 날씬하니까 괜찮다고? 마른 비만이란 무엇일까

마르다고 비만이랑 상관없을까요? 많은 사람들이 체중이 적고 겉보기에 날씬하면 비만과는 거리가 멀다고 생각하지만, 꼭 그렇지만은 않아요. 마른 비만이란 체중은 정상 범위에 속하지만 몸 안에 지방이 과도하게 축적되고 근육량은 부족한 상태를 말해요. 특히 복부에 지방이 주로 쌓이는 경우가 많아 내장지방 증가로 심혈관 질환, 당뇨병 등의 여러 만성 질환에 걸릴 위험이 있어요. 즉 외형적인 날씬함이 건강을 보장하지는 않기 때문에 규칙적인 운동과 균형 잡힌 식사를 통해 지방과 근육의 비율을 적절히 유지하는 것이 중요해요. 건강은 단순히 체중이나 겉모습이 아니라 몸의 구성 상태로 판단해야 한다는 점을 기억해야 해요!

지방은 다 나쁜 걸까? 건강한 지방 섭취의 중요성

지방은 다 나쁜 거 아닌가요? 이렇게 생각할 수도 있지만, 사실 지방은 우리 몸에 꼭 필요한 필수 영양소 중 하나예요. 다만 지방의 종류에 따라 건강에 미치는 영향이 크게 달라요. 예를 들어 '나쁜 지방'으로 불리는 포화지방과 트랜스지방은 과다 섭취 시 혈중 콜레스테롤을 상승시켜 심혈관 질환의 위험을 높일 수 있어 주의가 필요하지만, '좋은 지방'인 불포화지방은 혈중 나쁜 콜레스테롤LDL을 줄이고 심장 건강을 개선하는 데 도움을 줍니다. **견과류, 아보카도, 연어, 올리브오일 같은 식품으로부터 얻는 불포화지방은 몸의 에너지원이 되고 세포를 보호하며, 뇌 기능에도 중요한 역할을 해요.** 따라서 지방은 모두 나쁜 것이 아니라 어떤 종류의 지방을 얼마나 섭취하느냐가 건강 관리의 핵심이라고 할 수 있어요!

비만은 단순히 '몸무게가 많이 나가는 상태'가 아니에요. 감정, 습관, 음식, 운동, 심지어 호르몬까지 다양한 요인이 얽혀 있는 복잡한 건강 문제예요. 겉으로는 날씬해 보여도 건강하지 않을 수 있고, 약에만 의지하면 오히려 요요가 올 수도 있어요. 그렇기 때문에 '나는 살이 안 쪘으니까 괜찮아'라고 안심하기보단 평소 식습관과 운동 습관을 점검하고 건강한 생활을 유지하려는 노력이 필요해요. 그리고 무엇보다 중요한 건, 살을 빼는 데만 집중하

는 것이 아니라 나 자신을 더 건강하고 멋지게 만들기 위해 우리
가 이런 정보를 알고 실천한다는 점이에요. 건강한 습관을 쌓아
가는 여러분이 되길 응원할게요!

6

운동만큼
중요한 건
'나를 돌보는
습관'

왜 피가 끈적해지면 위험한 걸까?
대사증후군 이야기

여러분은 혹시 '대사증후군'이라는 말을 들어 본 적 있나요? 이름은 조금 낯설게 들릴 수도 있지만, 여러분 주위에도 해당 증후군에 가까운 건강 문제를 겪는 친구들이 있을 수 있어요. 2024년 국민건강보험연구원이 발표한 자료에 따르면,[8] 우리나라 초·중·고등학생 6명 중 1명은 비만이고, 비만 학생의 절반은 당뇨병이나 고혈압 같은 대사증후군 위험 요인을 하나 이상 가지고 있다고 해요. 이처럼 '대사증후군'은 어른들만의 질병이 아니라 우리 또래 청소년들도 충분히 겪을 수 있는 건강 문제로 떠오르고 있어요.

예전에는 이런 병들을 '성인병'이라고 불렀지만, 요즘에는 '생활 습관병'이라고도 불러요. 왜냐하면 잘못된 식습관, 운동 부족, 스마트폰이나 컴퓨터 같은 디지털 기기 사용 증가 같은 생활 습관이 직접적인 원인이 되기 때문이에요. 나이와 상관없이 누구에게나 생길 수 있다는 뜻이죠. 그렇다면 대사증후군은 왜 생기고, 우리 몸에서는 어떤 일이 벌어지는 걸까요?

오늘 아침엔 뭘 먹었나요? 밥? 빵? 아니면 달콤한 과자? 우리가 매일 먹는 음식들은 단순히 배를 채우는 데서 끝나지 않아요. 이 음식들은 우리 몸속에 들어가 포도당이라는 에너지로 바뀌어요. 포도당은 혈액을 타고 온몸을 돌면서 각 세포에게 "자, 에너지 왔어요!" 하고 전달되죠. 하지만 세포가 포도당을 그냥 받아들이는 건 아니에요. 마치 집 문을 여는 데 열쇠가 필요하듯 세포에도 문이 있는데, 그 문을 열어 주는 열쇠가 바로 '인슐린'이라는 호르몬이에요. 인슐린은 우리가 음식을 먹을 때 췌장에서 분비돼요. 이 인슐린이 있어야 세포가 문을 열고 포도당을 받아들일 수 있어요.

그런데 우리가 단 음식이나 기름진 음식을 너무 자주, 또는 많이 먹으면 문제가 생기기 시작해요. 인슐린은 우리가 먹을 때마다 나와서 세포 문을 열어 주는데, 이런 상황이 반복되면 인슐린도 점점 힘을 잃게 돼요. 그 결과 세포의 문도 예전처럼 잘 열리지 않게 되죠. 이 상태를 '인슐린 저항'이라고 해요. 인슐린이 제 역할을 못하니까 포도당은 세포에 들어가지 못하고 계속 혈액 속에 남아 있게 돼요.

혈액 속 포도당이 많아지면 피가 점점 끈적해져요. 마치 물엿처럼 진해진 피가 온몸을 돌게 되면 혈액 순환이 원활하지 않아져요. 산소와 영양분이 제대로 전달되지 않아서 손끝이나 발끝과 같은 몸의 끝부분부터 문제가 생기기 시작하죠. 상처가 나도 잘

낫지 않고, 심하면 발이나 다리를 절단해야 하는 무서운 상황까지 생길 수 있어요.

이뿐만이 아니에요. 혈액 속에 너무 많은 포도당이 있으면 우리 몸은 그것을 지방으로 바꿔서 간에 저장하려 해요. 이게 바로 '지방간'이에요. 지방간이 생기면 점점 기름져서 기능이 떨어지죠. 또 포도당이 소변으로 빠져나오기 시작하면 그건 바로 '당뇨병'이에요.

피가 끈적해지면 심장도 힘들어져요. 더 세게 펌프질을 해야 하니까 혈압이 올라가고, 자연스레 고혈압이 생기죠. 고혈압이 생기면 신장, 즉 콩팥에도 부담이 가요. 콩팥은 우리 몸의 필터 역할을 하는 중요한 장기인데, 혈압이 계속 높아지면 콩팥이 망가져서 심하면 '투석'이라는 치료를 받아야 할 수도 있어요.

이처럼 당뇨, 고혈압, 지방간은 따로따로 생기는 병 같지만, 사실은 모두 연결되어 있어요. 한 가지 원인이 도미노처럼 다른 문제들을 연쇄적으로 일으키는 거죠. 그래서 이 세 가지가 함께 나타나는 경우를 대사증후군이라고 불러요.

대사증후군은 완치가 어렵고, 약으로는 증상만 완화할 뿐이에요. 그렇기 때문에 가장 중요한 건 '생활 습관'을 바꾸는 거예요. 규칙적으로 운동을 하면 포도당이 잘 쓰이게 되어 피도 덜 끈적해지고, 혈당도 안정되죠. **매일 30분 정도 산책하거나 줄넘기, 자전거 타기, 배드민턴처럼 재미 있는 활동을 꾸준히 하는 것이 좋아요. 또 균형 잡힌 식습관도 정말 중요해요.** 단 음식, 기름진 음식, 인스턴트 음식은 줄이고, 채소와 과일,

단백질을 골고루 먹는 습관을 들여야 해요. 천천히 꼭꼭 씹어 먹는 것도 잊지 마세요.

금연과 금주도 중요해요. 비록 여러분은 아직 해당되지 않더라도, 가족이나 주변 어른들에게 이런 내용을 알려 드릴 수 있겠죠. 또 스트레스도 조심해야 해요. **스트레스를 받으면 단 음식이 더 당기기 때문에 운동 친구와의 대화와 같이 스트레스를 풀 수 있는 나만의 방법을 찾아보는 것이 좋아요.**

이처럼 대사증후군은 단 한 번의 선택이 아니라 매일매일의 작은 습관에서 시작돼요. 군것질을 참는 것, 한 정거장 일찍 내려 걷는 것, 늦게 자지 않고 일찍 자는 것 모두가 건강을 지키는 매일의 작은 습관이에요. 대사증후군은 우리 몸 안에 숨어 있는 적일 수 있지만, 우리가 어떻게 생활하느냐에 따라 충분히 이겨 낼 수 있는 상대이기도 해요. 미래의 나를 위해 오늘부터 건강한 습관을 실천해 보는 건 어떨까요?

에너지 음료,
실제로 운동 능력을 향상시킬까

편의점에서 쉽게 살 수 있는 에너지 음료, 여러분도 한 번쯤 마셔 본 적 있지요? 피곤할 때, 시험공부할 때, 운동 전에 "힘이 날 것 같다"라는 이유로 찾는 경우가 많아요. 하지만 에너지 음료는 생각보다 훨씬 많은 문제를 안고 있어요. 실제로 2012년 캐나다에서는 청소년 3명이 에너지 음료 '레드불'을 마신 뒤 사망했고, 35명이 심각한 부작용을 겪었다는 뉴스가 보도됐어요.[9] 2019년 국내 조사에서도 고등학생의 절반 가까이가 에너지 음료를 마신 뒤 어지러움이나 손떨림 같은 부작용을 경험한 것으로 나타났어요. 이런 이유로 미국 일부 주에서는 18세 미만 청소년에게 에너지 음료의 판매를 금지하고 있답니다.

그렇다면 에너지 음료는 무엇일까요? 보통 카페인과 같은 자극 성분을 고농도로 넣고, 설탕, 비타민, 타우린, 구아라나 등을 더해 만든 기능성 음료를 말해요. 레드불Red Bull, 몬스터Monster, 핫식스Hot6가 대표적인 예죠. 19세기 후반에 처음 등장했는데,

프랑스 화학자 안젤로 마리아니가 코카잎과 와인을 섞어 만든 '빈 다리아니'라는 음료가 에너지 음료의 초기 형태 중 하나였어요. 이후 1962년 일본 다이쇼 제약이 '리포비탄-D'를 내놓으며 노동자들의 피로 회복제로 인기를 끌었고, 1980년대 오스트리아 사업가 디트리히 마테시츠가 태국 음료 '크라팅 다엥'을 개량해 만든 '레드불'이 세계적인 에너지 음료 시장을 열었어요.

에너지 음료가 운동 능력을 잠시 높여 주는 것처럼 보일 때도 있어요. 카페인은 집중력을 올리고 순간적인 힘을 내게 도와주며, 타우린은 근육 작용을 지원한다고 알려져 있지요. 하지만 이런 효과는 오래가지 않고, **실제로 운동 수행력 향상에 미치는 영향도 일**

관되지 않아요. 오히려 피로를 가린 채 무리하게 운동하게 만들어 몸에 더 큰 부담을 줄 수 있어요. 그래서 전문가들은 운동 능력을 키우는 방법으로 에너지 음료를 사용하는 것을 권장하지 않는답니다.

문제는 부작용이에요. 에너지 음료에는 카페인과 타우린이 많이 들어 있어서, 과다 섭취하면 단순히 잠이 안 오는 정도를 넘어서 심장이 빨리 뛰고, 어지럽거나 불안해지고, 손이 떨리기도 해요. 심하면 두통, 구토, 탈수, 고혈압 같은 증상으로 이어질 수도 있어요. 특히 **성장기 청소년은 몸과 뇌가 아직 발달하는 중이기 때문에 성인보다 훨씬 더 큰 영향을 받을 수 있답니다. 순간적인 힘을 얻으려고 마셨다가 오히려 건강을 해칠 위험이 큰 거죠.**

여기서 구분해야 할 게 있어요. **에너지 음료와 스포츠 음료는 전혀 달라요.** 에너지 음료는 카페인으로 순간적인 각성을 주는 반면, 스포츠 음료는 운동 중에 잃은 수분과 전해질을 보충해 몸이 지치지 않게 해 줘요. 그래서 단거리 달리기나 역도 같은 짧고 강한 운동에는 에너지 음료가 맞을 것 같지만, 실제로는 부작용 위험이 커서 권장되지 않아요. 오히려 스포츠 음료가 훨씬 안전하고 효과적이에요.

결국 중요한 건, 운동 능력을 키우는 가장 확실한 방법은 물, 균형 잡힌 식사, 충분한 휴식이라는 사실이에요. 에너지 음료는 순간적으로 도움이 될 수 있지만 절대 근본적인 해결책은 아니에요. 여러분이 더 건강하고 강해지고 싶다면, 에너지 음료 대신 물을 마시고, 제때 밥을 먹고, 충분히 쉬어야 해요. 그리고 혹시 음료가 필요하다면 스포츠 음료나 과일 주스처럼 몸에 부담이 적은 선택을 해 보세요.

멋진 몸과 튼튼한 체력은 마법 같은 음료에서 나오지 않아요. 땀 흘리고 노력하며 차근차근 쌓아 가는 거예요. 에너지 음료에 의존하기보다 올바른 습관을 선택하는 것이 진짜 건강한 운동의 시작이에요.

스포츠를 병들게 한 약물과 그 대가

"올림픽에서 금메달을 휩쓸던 스포츠 강국이 하루아침에 전 세계의 '미운 오리 새끼'가 된다면 어떨까요?"

러시아는 2014년 소치 동계올림픽을 계기로 스포츠 역사상 가장 충격적인 도핑 스캔들의 중심에 섰습니다. 국가는 선수들에게 금지 약물을 조직적으로 제공하고, 검사 데이터를 조작해 이를 숨기려 했죠. 그 결과 러시아는 50개의 올림픽 메달을 박탈당했고, 세계반도핑기구WADA는 러시아의 국제 대회 참가를 금지했습니다. 이후 러시아 선수들은 국기와 국가명을 사용하지 못한 채 중립 선수로 경기에 나서야 했습니다.

운동은 본래 건강해지고, 체력을 기르고, 스스로를 단련하기 위해 하는 것이죠. 하지만 때때로 선수들은 기록을 단축하고 더 큰 영광을 얻기 위해 본질을 잊곤 합니다. 그렇게 찾아오는 유혹 중 하나가 바로 '스테로이드'와 같은 금지 약물이에요. 최근에도 유명 보디빌더가 "내 몸은 온전한 노력의 결과가 아니다"라며

스테로이드의 유혹

약물 사용 사실을 고백해 큰 파장을 일으켰습니다.

도핑 문제는 보디빌딩이나 특정 종목만의 이야기가 아닙니다. 올림픽, 아시안게임 같은 국제 무대에서도 약물 사용은 늘 큰 고민거리입니다. 올림픽은 단순한 경기 그 이상의 인류의 평화와 공정한 경쟁을 상징하는 무대인데, 금메달의 유혹과 압박이 선수들을 흔들리게 만들곤 하죠.

많은 사람들이 찾는 스테로이드는 도대체 어떤 물질일까요? 스테로이드는 원래 병원에서 염증이나 자가면역질환 치료에 쓰이는 약물이에요. 정해진 용도로 사용하면 유익하지만, **문제는 아나볼릭 스테로이드처럼 근육을 빠르게 키우기 위해 불법적으로 남용할 때 생깁니다.** 여러 연구에 따르면 운동을 병행하며 스테로이드를 복용할 경우 운동만 한 사람보다 근육 증가 효과가 몇 배나 높다고 해요.

듣기엔 엄청난 약처럼 느껴지죠? 하지만 **스테로이드는 절대 마법의 약이 아니에요.** 매우 위험한 약이죠. **탈모, 여드름, 감정 기복, 우울증은 물론이고 심하면 심장마비로 생명을 잃을 수도 있어요.** 특히 남성 호르몬 수치가 너무 높아지면 우리 몸은 이를 조절하려고 여성 호르몬을 더 많이 만들어 내요. 이 때문에 남성인데도 가슴이 여성처럼 불룩해지는 '여성형 유방'이라는 부작용이 생기기도 해요. 한순간 멋진 몸을 만들려다 평생 고통받게 되는 거죠.

이런 위험 때문에 우리나라에서도 2022년부터는 스테로이드를 불법으로 구매하거나 투여하면 과태료나 처벌을 받게 되었어요. 국제 대회에서는 더 엄격합니다. 경기 전 무작위 도핑 테스트를 실시하는데, 적발되면 메달이 박탈되고 성적이 삭제되어서 선수 생명도 사실상 끝이 나죠.

운동에서 가장 중요한 건 마음가짐이에요. 운동은 남을 이기기 위해서가 아니라 어제의 나보다 더 나은 오늘을 만들기 위한 거죠. 멋진 기록과 모습은 천천히, 꾸준히 노력해야 얻을 수 있어요. 스테로이드나 도핑은 잠깐의 결과를 줄 수는 있어도 진짜 감동과 박수는 줄 수 없어요. 정직한 노력은 절대 배신하지 않아요. 결국 땀과 노력으로 승리한 사람이 진짜 영웅이에요.

뻣뻣한 몸과 작별!
유연성이 알려 주는 건강 비밀

TV로 피겨스케이팅이나 무용 공연, 혹은 축구나 농구 같은 스포츠 경기를 보다 보면 선수들의 움직임에 감탄하게 될 때가 있어요. 피겨 선수는 얼음 위에서 몸을 날카롭게 회전시키다가도 부드럽게 착지하고, 무용수는 마치 물결처럼 유연하게 몸을 펼치죠. 축구 선수들도 몸을 완전히 비틀어 공을 차거나 놀라운 균형 감각으로 신기한 동작을 취하기도 해요. 이런 장면을 보다 보면 자연스레 이런 생각이 들어요. "어떻게 저런 동작이 가능한 걸까?"

그런 동작들이 가능한 데에는 여러 가지 이유가 있겠지만 무엇보다 유연성이 큰 역할을 해요. 지금부터 유연성이 무엇인지, 유연성이 좋으면 우리 몸에 어떤 이점이 있는지, 또 어떻게 하면 유연해질 수 있는지를 차근차근 알려 줄게요.

유연성이란 우리 몸의 근육과 관절이 얼마나 부드럽게 움직일 수 있는지를 말해요. 유연성이 좋으면 어떤 장점이 있을까요? 먼저 운동 능력이 향상돼요. 몸이 부드럽게 움직이면 다양한 기술을 더 쉽고 멋지게 해낼 수 있죠. 축구, 농구, 체조, 무용 등 어떤 운동이든 유연한 몸은 큰 장점이 돼요. 유연성은 단순히 몸을 잘 움직이게 해 주는 것을 넘어 운동을 잘하기 위한 기본 조건이에요. 신체의 가동범위를 늘려 더욱 강한 힘을 사용할 수 있기 때문이에요. 또한 유연성은 부상 위험을 줄이는 데도 효과적이에요. 몸이 뻣뻣하면 작은 움직임에도 근육이나 관절이 다치기 쉬운데, 유연한 몸은 그런 충격을 잘 흡수하고 부드럽게 반응할 수 있거든요.

유연성은 어떻게 기를 수 있을까요? 어렵게 생각할 필요 없어요! 방법은 아주 간단히 두 가지로 나뉘어요. 바로 정적 스트레칭과 동적 스트레칭이에요.

정적 스트레칭은 말 그대로 가만히 멈춘 상태에서 하는 스트레칭이에요. '정적'이라는 단어는 '움직이지 않는', '멈춰 있는' 상태를 뜻하니까요. 하나의 자세를 일정 시간 유지하면서 근육을 길게 늘려 주는 방식이에요. 예를 들면 아침에 일어나서 기지개를 쭉 켜는 것도 정적 스트레칭이에요. 정적 스트레칭을 할 때는 한 자세를 15~20초 정도 유지하는 것이 좋아요. 한 번에 오래 하기보다는 아침, 점심, 저녁으로 나눠서 자주 해 주는 게 더 효과적이에요. 유연성이 부족하거나 운동 전에 몸을 부드럽게 만들어 주고 싶은 친구들에게 특히 추천해요.

동적 스트레칭은 움직이면서 하는 스트레칭이에요. 말 그대로 몸을 움직이면서 근육을 늘려 주는 방법이에요. 예를 들어 팔을 앞뒤로 크게 흔들거나, 무릎을 높이 들어 걷는 동작처럼 리듬감 있게 움직이는 거예요. 이런 동작은 몸을 따뜻하게 만들어서 운동을 시작하기 전에 아주 좋아요. 보통은 운동 전에 5~10분 정도 동적 스트레칭을 해 주는 게 가장 효과적이에요. 이 방법의 장점은 몸을 움직이면서 유연성의 한계까지 자연스럽게 늘릴 수 있다는 거예요. 정적이든 동적이든 꾸준히만 하면 몸은 분명히 달라져요.

유연성은 절대 하루아침에 좋아지지 않아요. 그러니 잘 안 된다고 걱정할 필요는 없어요. 처음에는 잘 안 되는 것 같아도 어느 날 문득, '어? 예전보다 몸이 잘 움직이네?' 하고 느끼게 될 거예요. 중요한 건 '꾸준히' 해 보는 거예요.

인류의 경기, 시대의 축제

ROUND

7

도시는 어떻게
올림픽을 여는 걸까?

여러분은 올림픽 하면 어떤 장면이 떠오르나요? 멋진 개막식, 세계 각국의 선수들, 반짝이는 금메달……. 정말 다양한 장면이 떠오를 거예요. 그런데 혹시 이런 궁금증을 가져 본 적은 없나요? "왜 올림픽은 나라 이름이 아니라 도시 이름이 붙을까?" 예를 들어 1988년 서울 하계올림픽, 2020년 도쿄 하계올림픽, 그리고 2024년 파리 하계올림픽도 모두 도시 이름이 붙어 있죠. 대한민국 올림픽이나 프랑스 올림픽이라고 하지 않는 이유는 뭘까요?

사실 올림픽은 국가가 아닌 도시가 주최하는 국제 스포츠 대회이기 때문이죠. 올림픽을 유치하고 준비하는 것은 대한민국 전체가 아니라 '서울시', 일본 전체가 아니라 '도쿄'라는 도시예요. 물론 실제 준비 과정에서는 정부가 함께 협력하지만, 공식적으로는 개최 도시가 중심이 되어 모든 것을 주도하죠.

이러한 전통은 고대 그리스에서 시작되었어요. 고대에는 지금

162

처럼 큰 나라가 아니라 여러 개의 도시국가들이 있었고, 올림픽도 그 도시들 중 하나인 올림피아라는 도시에서 열렸죠. 현대 올림픽을 다시 만든 프랑스의 피에르 드 쿠베르탱 남작도 도시 중심의 올림픽 개최 방식을 따르기를 원했지요.

그렇다면 올림픽 개최를 희망하는 도시들은 신청만 하면 되는 걸까요? 현실은 그렇게 간단하지 않아요. 매우 치열한 경쟁과 복잡한 절차가 기다리고 있답니다. 어떤 도시가 올림픽을 개최하고 싶다면, 먼저 해당 국가의 올림픽위원회(예: 대한체육회)에 의사를 전달해야 해요. 서울시가 올림픽을 열고 싶다고 하면, 대한체육회가 그 뜻을 받아 국제올림픽위원회IOC에 정식으로 신청서를 제출하지요.

그 후 IOC는 신청한 도시들 중 몇 곳을 '후보 도시'로 선정해요. 이 후보 도시들은 IOC의 조사단이 방문하여 교통, 경기장, 숙소, 환경 계획 등 여러 가지 요소를 꼼꼼하게 평가받죠. **최종적으로는 IOC 위원들의 투표로 개최 도시를 결정해요. 이 모든 과정은 일반적으로 올림픽이 열리기 약 7년 전부터 시작돼요.**

그렇다면 IOC는 어떤 기준으로 도시를 선택할까요? 단순히 돈을 많이 쓰는 도시가 뽑히는 건 아니에요. 요즘은 **지속 가능성, 즉 환경을 얼마나 생각하는지, 기존 시설을 얼마나 잘 활용하는지, 시민들의 지지 여부, 교통 편의성 등 다양한 요소를 평가해요.** 또한 지구촌 전체에 골고루 기회를 주기 위해 '대륙 안배'도 고려한답니다. 같은 대륙에서 연속으로 올림픽을 열지 않으려는 노력이죠.

이처럼 도시 하나가 올림픽을 유치하는 데는 수많은 조건과 절차가 따라요. 하지만 일단 개최 도시로 선정되면 전 세계의 관심이 쏠리게 되고, 그 도시는 경제, 문화, 관광 등 다양한 면에서 큰 변화를 경험하게 되죠. 물론 준비 과정에서 많은 예산이 들어가고, 때로는 도시가 부담을 느끼는 경우도 있지만, 그만큼 큰 명예와 자부심이 따라오는 것이 올림픽이기도 해요.

앞으로 올림픽 경기를 볼 때는 화면 아래에 나오는 '도시 이름'

을 한 번 더 눈여겨보세요. 그 도시가 그 자리에 서기까지 얼마나 많은 노력과 시간을 들였는지 생각해 보면 올림픽을 바라보는 눈이 조금 달라질지도 모르죠.

7

인류의
경기,
시대의
축제

성화 봉송부터 나라별 입장까지
올림픽 개막식 속 숨은 이야기

올림픽은 전 세계 사람들이 모여 스포츠로 하나 되는 축제예요. 4년에 한 번 열리며, 많은 나라의 선수들이 참여해 각종 경기에 도전하고 우정을 나누죠. 올림픽을 보다 보면 개막식에서 각 나라 선수들이 줄을 지어 입장하는 장면이 나와요. 이때 꼭 눈여겨볼 점이 있어요. 그리스는 항상 제일 먼저 입장하고, 개최국은 항상 마지막에 들어와요. 왜 그런 걸까요?

그리스가 가장 먼저 입장하는 이유는, 바로 올림픽의 시작이 그리스에서 비롯되었기 때문이에요. 기원전 776년, 고대 올림픽이 그리스의 올림피아라는 곳에서 처음 열렸죠. 현대 올림픽은 1896년에 다시 시작되었지만, 그 첫 번째 대회도 그리스 아테네에서 열렸어요. 이런 전통을 기리기 위해 **올림픽이 열릴 때마다 그리스는 항상 가장 먼저 입장하게 되는 것이죠. 그리고 개최국이 마지막에 입장하는 이유는, 개최국이 이번 올림픽의 주인공이기 때문이에요.** 가장 큰 환영을 받으며 마지막에 입장하죠. 그 외의 나라들은 개최국의 언

올림픽의 정신을 담은 다섯 개의 원
©anja_johnson

어에 따라 정해진 순서대로 입장해요. 예를 들어 한국에서 올림픽이 열릴 때는 '가나다' 순으로 나라들이 입장했답니다.

선수들이 입장할 때 들고 있는 깃발 중 눈에 띄는 흰색 바탕의 오륜기도 있어요. **오륜기는 다섯 개의 동그라미가 서로 연결되어 있는 모양인데, 각 링은 세계의 다섯 대륙, 즉 아프리카, 아메리카, 아시아, 유럽, 오세아니아를 상징해요.** 이 링들이 서로 이어져 있는 도습은, 스포츠로 전 세계가 하나로 연결된다는 뜻을 담고 있어요. 링의 색깔인 파랑, 노랑, 검정, 초록, 빨강은 흰 배경과 함께 거의 세계 모든 나라의 국기 색을 포함하고 있어요.

올림픽에서 빠질 수 없는 또 하나의 장면이 바로 '성화'예요.

성화는 올림픽이 열리기 전 고대 올림픽이 개최되었던 그리스의 올림피아에서 햇빛을 이용해 불을 붙이는데요. 이렇게 시작된 불은 선수들이 릴레이로 이어 받아 개최 도시까지 옮겨 오죠. 성화는 단순한 불이 아니라 올림픽 정신을 전달하는 상징이에요. 평화, 도전, 희망, 그리고 정직함과 같은 가치를 담고 있어요. 성화는 걸어서 이동하기도 하고 차나 배를 타고 오기도 해요. 어떤 때는 비행기나 심지어 우주를 거쳐 오기도 했어요.

그 특별한 순간은 2014년 소치 동계올림픽 때 있었어요. 러시아가 올림픽을 개최하면서 자신들의 우주 기술을 세계에 알리고 싶어 했고, 성화를 국제우주정거장ISS으로 보내는 특별한 계획을 세웠죠. 2013년 11월, 두 명의 러시아 우주비행사가 성화봉을 들고 우주로 향했어요. 그리고 국제우주정거장에서 우주 유영을 하며 성화봉을 든 모습을 전 세계에 생중계했죠. 물론 실제 불을 붙이진 않았어요. 우주선 안이나 우주 공간에서는 불이 매우 위험하기 때문이에요. 대신 불 없이 성화봉만 들고 우주를 걷는 상징적인 장면을 연출한 거죠. 이렇게 우주까지 다녀온 성화는 다시 지구로 돌아와 성화 봉송을 이어 갔어요. 경기장에 도착해 거대한 성화대에 불을 붙이는 순간 올림픽의 막이 공식적으로 열리게 되죠.

올림픽은 단순히 승패를 겨루는 대회만은 아니에요. 국가 간의 경쟁을 넘어 평화롭게 어울리고 서로를 존중하는 자리이기도 해요. 올림픽이 평화의 상징을 추구한다는 점은 실제 세계에서도 중요한 역할을 하곤 해요. 예를 들어 **전쟁 중인 나라들도 올림픽이 열리는 동안만큼은 전투를 잠시 멈추는 경우가 있는데, 이를 '올림픽 휴전'이라고 불러요.** 이 전통은 고대 그리스에서 시작됐어요. 올림픽 기간에는 모든 전쟁을 멈추고 선수들이 안전하게 경기장에 올 수 있도록 보장했죠. 이 정신은 현대 올림픽에서도 이어지고 있어요. 국제올림픽위원회는 대회가 열릴 때마다 유엔에 휴전을 요청하는 결의안을 제출하여, 올림픽이 지향하는 평화의 가치를 다시 한번 강조하곤 하죠.

실제로 1994년 릴레함메르 동계올림픽 당시에는 보스니아 내전 중에도 잠시 휴전이 이루어졌고, 그 덕분에 민간인들에게 식량과 의약품 같은 인도적 지원을 전달할 수 있었어요. 올림픽이 단지 경기가 아닌 진짜 평화를 이루는 도구가 되었다는 것을 보

더 알아볼까요 —
러시아는 2024 파리 하계올림픽에 참여할 수 없었다고?
러시아는 2022년 우크라이나 침공 이후 국제올림픽위원회IOC로부터 강력한 제재를 받았어요. 러시아 선수들은 국가명, 국기, 국가 연주 없이 중립 선수 자격으로만 국제 경기에 참가할 수 있게 되었고, 러시아올림픽위원회ROC는 이에 대해 불만을 표했어요. IOC는 이를 러시아의 올림픽 헌장 위반과 올림픽 휴전 선언 위반으로 판단했으며, 이러한 제재는 러시아의 군사 행동과 관련된 국제 스포츠 규정 위반을 이유로 이루어졌어요.

여 주는 감동적인 순간이었죠.

올림픽을 볼 때 금메달 수만 따지는 것이 아니라 그 속에 담긴 다양한 이야기와 상징에도 관심을 가져 보면 더 재미있고 의미 있게 느껴질 거예요.

고대 올림픽의 역사
올림픽, 운동이 아니라 제사였다고?

지금으로부터 약 2800년 전, 고대 그리스 사람들은 신神을 아주 중요하게 여겼어요. 그들은 자연과 사람의 삶을 신들이 다스린다고 믿었죠. 그래서 감사의 마음을 전하기 위해 큰 축제를 열었어요. 이 축제에는 특별하게도 운동 경기까지 포함되어 있었답니다. 이처럼 **신에게 바치는 행사와 운동 경기가 합쳐진 걸 제전 경기**祭典競技**라고 부르는데요.** 단순한 스포츠 대회가 아니라 종교 행사였던 올림픽에 대해서 자세히 알아볼까요?

고대 그리스에는 다양한 제전 경기들이 있었어요. 올림피아, 피티아, 네메아, 이스트미아가 대표적인데요. 이 가운데 가장 유명한 경기가 바로 올림피아예요. 올림픽이라는 이름도 경기가 열렸던 올림피아라는 도시에서 따온 거예요. 첫 올림픽은 기원전 776년에 열렸고, 제우스(그리스 신화에 나오는 최고의 신. 천지의 모든 현상을 주재)를 기리기 위한 축제였어요. 그리스 사람들은 4년에 한 번씩 올림피아에 모였고, 경기를 하기 전엔 제우스에게 소를 바치는 제사를 드렸어요. 경기가 열리는 장소도 신성한 곳이라 모든 참가자는 깨끗하게 목욕하고 거룩한 맹세를 해야만 출전할 수 있었어요.

처음에는 달리기 종목만 있었던 올림피아는 시간이 지나면서 종목이 점점 늘었어요. 멀리뛰기, 원반던지기, 창던지기, 달리기, 레슬링, 말이 끄는 수레를 타고 경주하는 전차 경기, 레슬링과 권투를 섞어 오늘날의 종합격투기와 비슷한 판크라티온이 대표적이에요.

고대 그리스에서는 신에 대한 믿음이 아주 깊었어요. 그래서 선수들은 경기를 단순한 놀이로 여기지 않았고 신에게 경의를 표하는 하나의 제사처럼 생각했어요. 이런 이유로 선수들은 신성한 마음을 담아 옷을 입지 않은 채 완전히 나체로 경기에 참가했어요. 이는 당시 신을 향한 존경의 표현이었어요. 그래서 여성은 올림픽 참가뿐 아니라 경기장에 들어가 관람하는 것조차 금지되는 경우가 많았어요. 올림픽이 남성들만의 신성한 공간으로 여겨졌기 때문이죠.

또, 올림픽이 열리면 전쟁을 멈췄어요. 신을 숭배하기 위한 행사였기 때문이죠. 그리스는 작은 도시국가들로 나뉘어 전쟁이 잦았지만, 올림픽이 열리는 동안에는 모두 싸움을 멈춰야 했어요. "올림픽 중에는 무기를 내려놓고 평화롭게 지내자"라는 약속이었죠. 이 약속으로 모든 선수와 관객은 안전하게 올림피아로 오고 갈 수 있었어요. 이런 전통은 올림픽이 평화의 상징이 되게 하

고대 그리스의 스포츠 정신을 담은 그림
©Édouard-Joseph Dantan

였고, 오늘날까지 이어지고 있어요.

기원전 776년에 시작해서 기원후 393년까지 약 1000년의 역사를 가진 고대 올림픽은 로마제국이 그리스를 지배하면서 사라지게 돼요. 사람들은 이제 그리스 신들보다 로마 황제나 다른 종교를 더 중요하게 여겼어요. 마치 북한에서 지도자 김정은을 신처럼 믿도록 종교를 거의 허용하지 않는 것처럼요. 당시 황제였던 테오도시우스 1세는 기독교가 아닌 종교 행사를 금지했으며, 결국 고대 올림픽도 다른 신들을 숭배하는 이단 행위라고 판단되어 폐지되고 말았죠.

고대 올림픽은 사라졌지만 그 정신은 여전히 우리 곁에 남아 있어요. 경기를 통해 서로 다투던 도시들이 잠시라도 무기를 내려놓고 평화를 지켰던 것처럼 우리도 경쟁과 갈등 속에서 더 중요한 것이 무엇인지 생각해 보면 어떨까요? "운동 경기에서 이기는 것보다 더 값진 것은 서로를 존중하고 함께 웃는 일이다"라는 말처럼요. 여러분은 앞으로 어떤 마음으로 친구들과 경쟁하고 또 함께 어울리고 싶나요?

심판을 차고, 성화를 태우고…
올림픽의 숨겨진 장면들

올림픽 하면 어떤 이미지가 떠오르나요? 반짝이는 금메달, 국기를 들고 환하게 웃는 선수들, 눈물겨운 시상식 장면? 맞아요. 올림픽은 세계에서 가장 크고, 화려한 스포츠 축제예요. 하지만 우리가 잘 모르는 또 다른 얼굴도 있어요. 누군가는 경기 중 갑자기 습격을 당하고, 누군가는 심판을 공격해 영구 출전 정지를 당하기도 해요. 믿기 힘든 약물 복용부터 성화와 함께 날아간 비둘기 사건까지…… 실제로 있었던 일들로, 올림픽이라는 무대가 얼마나 다양한 감정과 상황으로 가득한지 보여 주는 사례들이에요. 오늘은 기록보다 더 오래 기억에 남는 올림픽의 뒷이야기를 함께 들여다보려 해요. 여러분이 몰랐던 올림픽의 놀라운 모습들을 지금부터 만나 볼까요?

달리던 선수를 밀친 사람의 정체는?

2004년 아테네 올림픽, 마라톤 경기가 한창이던 그때였어요.

브라질의 반데를레이 지 리마 선수는 37km 지점까지 1등을 유지하며 우승을 눈앞에 두고 있었어요. 그런데 갑자기 한 남자가 도로 밖에서 튀어나와 리마 선수를 밀치고 넘어뜨렸어요. 그 사람은 아일랜드 출신의 종말론자였고, 전 세계 방송이 중계되는 그 순간에 자신이 믿는 메시지를 전달하려고 선수에게 일부러 달려든 거였어요.

이 사고로 리마는 큰 충격을 받았고 페이스도 완전히 흐트러졌어요. 많은 사람들은 그가 더 이상 달릴 수 없을 거라고 생각했지만, 리마는 다시 일어나 끝까지 달렸고 결국 3위로 결승선을 통과했어요. 더 놀라운 건, 그는 해맑은 웃음으로 관중들에게 손을 흔들며 들어왔다는 거예요. 금메달은 아니었지만 진짜 올림픽 정신은 리마가 보여 준 그 미소 속에 담겨 있었어요. 이 감동적인 장면 덕분에 리마는 2016년 리우 올림픽에서 성화 봉송의 주자로 선정되기도 했답니다.

심판을 차 버린 태권도 선수?

물론 올림픽이 언제나 감동만을 주는 건 아니에요. 2008년 베이징 올림픽 태권도 경기장에서 충격적인 일이 벌어졌어요. 쿠바의 앙헬 마토스 선수는 동메달 결정전 도중 다리를 다쳐 치료를 받았어요. 규정상 치료 시간은 1분이고, 한 번 더 요청하면 1분이 추가돼요. 하지만 마토스는 추가 요청 없이 시간을 넘겼고, 심판은 규칙에 따라 기권패를 선언했어요. 그 순간 마토스는 갑자기 심판에게 화를 내며 항의했고, 심지어 앞돌려차기로 심판의 얼굴을 가격했어요. 이 장면은 전 세계에 생중계되었고, 결국 그는 올림픽 역사상 처음으로 영구 출전 금지라는 처벌을 받게 되었어요. 아무리 실력이 뛰어나도 스포츠에서는 상대를 존중하고 규칙을 지키는 '스포츠맨십'이 가장 중요하다는 사실을 보여 주는 사건이었죠.

약물로 만든 세계 신기록?

스포츠에서 가장 중요한 건 공정한 경쟁이에요. 하지만 모든 선수가 이 원칙을 끝까지 지키는 건 아니에요. 1988년 서울 하계 올림픽 육상 100m 결승전에서는 캐나다의 벤 존슨 선수가 당시 세계 신기록인 9초 79를 기록하며 금메달을 땄어요. 그러나 경기 후 실시된 도핑 검사에서 금지 약물 복용 사실이 드러났어요. 결국 그는 금메달을 박탈당했고, 메달은 2위를 했던 칼 루이스 선수에게 돌아갔죠.

이런 일은 결코 한 사람만의 문제는 아니었어요. 과거 동독에서는 체제의 우월함을 과시하기 위해 선수들에게 몰래 근육 강화제를 복용시키기도 했다고 해요. 당시 어린 선수들에게 비타민이라고 속이고 먹였다는 사실이 뒤늦게 밝혀지면서 세계적으로 큰 충격을 주었어요. 이 사건은 올림픽이 기술이나 약물로 만든 결과가 아닌, 선수들의 땀과 노력으로 이뤄 낸 진정한 승부의 장이어야 한다는 교훈을 남겼어요.

비둘기가 불타 버린 올림픽?

지금은 우리나라가 올림픽을 개최하는 것이 당연하게 느껴지지만, 1988년 서울 하계올림픽은 개최 그 자체만으로도 매우 큰 의미를 지닌 일이었어요. 전쟁의 폐허를 딛고 일어선 나라가 세계적인 스포츠 대회를 유치했다는 사실만으로도 큰 의미가 있었죠. 그 시작을 알리는 성화 봉송의 첫 주자는 바로 손기정 선수였어요. 일제 강점기였던 1936년 베를린 올림픽에서 우승하고도 일본 대표로 뛰어야 했던 그의 삶에는 시대의 상처가 고스란히 남아 있었죠. 그런 그가 광복 이후 태극기를 단 채 성화를 들고 달리는 모습을 보며 많은 이들이 마음 깊이 울림을 느꼈어요.

이 감동적인 순간에 또 하나의 예상하지 못한 사건이 벌어졌어요. 성화대에 불이 붙는 순간 평화의 상징인 비둘기 한 마리가 성화봉 위에 앉아 있다가 불에 타는 장면이 전 세계로 생중계된 거예요. 사실 다리가 걸린 비둘기 한 마리만 불에 타고 나머지 비둘기들은 날아갔어요. 하지만 화면에 그렇게 잡히는 바람에 전 세계에 "비둘기들이 불타 죽었다"라는 장면으로 기억되었죠. 이 일은 지금까지도 올림픽 역사에서 '예상 밖의 사고'로 남아 있어요.

이처럼 **올림픽은 단순한 스포츠 경기를 넘어서 다양한 인간의 모습과 감동을 담은 무대예요. 누군가는 넘어져도 끝까지 달렸고, 누군가는 규칙을 어겨 스스로 기회를 놓쳤어요.** 어떤 장면은 전 세계를 감동시켰고, 또 어떤 사건은 모두에게 충격을 안겨 줬죠. 하지만 그 모든 순간은 우리에게 하나의 질문을 던져요.

"당신이라면 어떤 선택을 하겠는가?" 그리고 그 질문에 대한
대답은, 지금 여러분이 만들어 가는 하루 속에 이미 담겨 있을지
도 몰라요.

다르지만 대등하게, 패럴림픽을 말하다

2018 평창 동계올림픽, 다들 한 번쯤은 들어봤을 거예요. 그 자랑스러운 순간은 텔레비전, 학교, 책을 통해 자주 접할 수 있었죠. 그런데 여러분, 우리나라에서 패럴림픽도 열렸다는 사실은 알고 있었나요? 비교적 최근에 열린 국제 대회지만, 많은 사람들의 기억 속에는 흐릿하거나 생소하게 남아 있는 경우가 많아요. 실제로 도쿄 올림픽 중계방송은 2만 5000분이 넘었던 반면, 패럴림픽은 약 2000분밖에 되지 않았어요. 관심의 차이가 숫자로 그대로 드러난 셈이죠. 하지만 패럴림픽은 올림픽만큼 감동적이고, 때로는 더 뜨겁게 빛나는 무대랍니다.

패럴림픽은 처음부터 큰 대회로 시작된 것은 아니었어요. **제2차 세계대전이 끝난 뒤 부상을 입은 병사들이 재활을 위해 스포츠를 활용한 것이 그 시작이었죠.** 병원에서 휠체어를 탄 채 양궁이나 탁구 같은 활동을 하며 재활 치료를 받던 것이 점점 조직적인 스포츠로 발전했고, **1960년 이탈리아 로마에서 처음으로 국제 대회가 열리게 되었어요.**

이 대회가 바로 오늘날의 패럴림픽Paralympics의 시작이에요.

지금의 패럴림픽은 국제장애인올림픽위원회IPC가 주최하며, 4년마다 올림픽이 열리는 해에 올림픽이 끝난 뒤 약 한 달 이내에 같은 도시에서 이어서 열려요. 과거에는 올림픽과 패럴림픽이 따로 열리기도 했지만, 1988년 서울 하계올림픽과 서울패럴림픽을 계기로 이후부터는 같은 도시에서 이어서 개최하는 전통이 생겼어요. 또 하나 중요한 사실은 성화 봉송의 시작도 서울패럴림픽에서 처음 도입되었다는 거예요. 이처럼 우리나라는 패럴림픽 역사에서 특별한 의미를 가진 나라예요.

패럴림픽이라는 이름에도 흥미로운 이야기가 담겨 있어요. 원래 이 대회는 하반신 마비Paraplegic 환자들을 위한 경기였기 때문에, Para와 Olympics를 합쳐 'Paralympics'라는 이름이 붙었어요. 하지만 **시간이 지나면서 참가하는 선수들이 다양해졌고, 이제는 Para를 '대등한parallel'이라는 뜻으로 받아들이고 있어요. 즉 올림픽과 나란히, 대등하게 열리는 또 하나의 올림픽이라는 의미로 바뀐 거죠.** 단어 하나 속에도 사회의 인식 변화가 담겨 있는 셈이에요.

그렇다면 장애가 있는 선수들은 어떻게 공정하게 경기를 할 수 있을까요? 비장애인 경기에서는 나이, 체급, 성별 등으로 나누어 경쟁하지만, 패럴림픽에서는 장애의 유형과 정도에 따라 세심하게 등급을 나눠 경기를 해요. 예를 들어 시각장애인의 경우 전혀 보지 못하는 선수와 부분적으로 시력이 남아 있는 선수가 구분되고, 전맹 선수는 가이드 러너와 함께 얇은 끈으로 연결되어 경

2012년 런던 패럴림픽 400m에 출전한 오스카 피스토리우스
©Jim Thurston

기에서 함께 달려요. 가이드가 선수보다 앞서 달리면 실격이라는 규칙도 있어요.

하지만 모든 종목이 이렇게 등급을 나눠서 진행되지는 않아요. 예를 들어 '골볼'이라는 종목은 시각 장애의 정도에 상관없이 모두 불투명한 안대를 쓰고 출전해요. 소리가 나는 공을 청각과 촉각에 의존해 막고 던지는 경기인데, 관중들도 절대 조용해야 하죠. 그래서 골볼은 '감각의 스포츠'라고 불릴 정도예요.

또 다른 종목인 '보치아'는 컬링과 비슷한 경기로, 표적구 가까이에 공을 던지는 방식이에요. 이 종목은 중증 뇌성마비나 심한 운동 기능 장애가 있는 선수들만 참가할 수 있어요. 보치아는 경기 방식이 쉽기 때문에 노인 운동이나 장애인 체육 활동에도 널리 활용되고 있어요. 이처럼 종목마다 참가 조건이 다르고, 각각의 장애 특성을 최대한 반영해 비슷한 조건으로 공정하게 경쟁할 수 있도록 조정하고 있는 거예요.

특히 휠체어 농구처럼 팀 경기에서는 조금 더 복잡한 방식으로 등급을 나눠요. 선수 한 명 한 명의 경기 수행 능력에 따라 1.0~4.5점으로 평가받고, 코트에 나올 수 있는 다섯 명의 등급 총합이 14점을 넘지 않도록 제한돼 있어요. 코치는 상황에 따라 등급 점수를 조절해 전략적으로 선수를 배치해야 하죠. 이건 단지 규칙이 아니라 모든 팀이 비슷한 조건에서 싸우도록 만든 공정함의 장치예요.

패럴림픽에는 모든 장애인이 참가할 수 있을까요? 아쉽게도 그렇진 않아요. 청각 장애인은 데플림픽Deaflympics, 지적·발달 장애인은 스페셜 올림픽Special Olympics이라는 별도의 대회가 마련되어 있어요. 그래서 일반적으로 패럴림픽에서는 시각, 지체, 뇌병변 등의 장애가 있는 선수들이 중심이 됩니다.

패럴림픽은 종종 놀라운 순간을 보여 줘요. 2016년 리우패럴림픽에서는 시각 장애인 육상 선수 압델라티프 바카가 남자 1500m 결승에서 3분 48초 29라는 기록을 세웠는데요, 이는 같은 해 올림픽 금메달리스트 매슈 센트로위츠보다 더 빠른 기록이었어요! 많은 기자들이 이를 두고 "올림픽의 역설"이라고 불렀죠. 패럴림픽 선수들은 눈치를 보며 페이스를 조절하지 않기 때문에 처음부터 끝까지 전력 질주하며, 오직 자신과 싸운다는 점에서 더 극적인 장면들이 나온다고 해요.

사실 우리는 지금까지 패럴림픽을 올림픽의 그림자처럼 느꼈을 수도 있어요. 하지만 그 안을 들여다보면 선수들이 마주한 환경과 신체적 조건은 다르지만 도전하는 정신은 조금도 다르지 않다는 사실을 알 수 있어요. 스티븐 호킹 박사는 2012년 런던패럴림픽에서 이렇게 말했어요. **"패럴림픽은 세상에 대한 우리의 인식을 바꾸는 것이다. 우리는 모두 다르고, 어떤 표준도 없다. 우리 모두에겐 무언가를 창조할 수 있는 능력이 있다."**

이제는 우리도 패럴림픽을 더 가까이서 바라봐야 할 때예요. 단순한 '장애인 경기'가 아니라 누구보다 뜨겁게 싸우고 노력하는 선수들의 이야기로 가득한 무대인 셈이죠. 여러분이 관심을 가지고 응원할 때 그들의 도전은 더 큰 의미로 우리에게 다가올 거예요. 올림픽보다 더 놀라운 패럴림픽에 이제는 여러분의 시선이 머물 차례예요.

한 걸음마다 전해지는
역사 마라톤이 들려주는 이야기

여러분은 올림픽을 볼 때 어떤 생각이 드나요? '와, 저 선수 진짜 빠르다!', '저 기술 멋있다!' 하며 눈을 떼지 못하죠. 하지만 그 경기들 속에는 단순한 승부 이상으로 수천 년을 거슬러 올라가는 이야기들이 숨어 있다는 걸 알고 있나요? 예를 들어 마라톤이라는 경기는 어떻게 생겨났을까요? 그리고 왜 그렇게 힘든 경기를 끝까지 달리는 걸까요? 사실 마라톤은 단순히 오래 달리는 경기가 아니에요. 전쟁의 전설, 인간의 도전, 나라의 슬픈 역사까지도 함께 달리고 있는 경기랍니다. 이제부터 올림픽과 마라톤에 얽힌 숨은 이야기들을 하나씩 풀어 볼게요.

'마라톤'이라는 경기 이름은 왜 마라톤일까요? 이건 한 명의 병사에서 시작된 이야기예요. 기원전 490년, 그리스와 페르시아가 마라톤이라는 지역에서 전쟁을 벌였어요. 전투에서 승리한 그리스는 이 소식을 아테네 시민들에게 전하고 싶었어요. 그래서 한 병사가 40km가 넘는 거리를 죽을 힘을 다해 달려갔다고 해요.

그리고 "우리가 이겼다!"라는 말을 전하자마자 그 자리에서 쓰러져 숨을 거뒀다는 전설이 전해지고 있죠. 이 감동적인 이야기가 퍼지면서 오늘날의 마라톤 경기가 탄생한 거예요. 하지만 이 전설은 과연 진짜일까요? 실제로는 그 병사가 스파르타에 도움을 요청하러 달려갔다는 기록이 있어요. 그리고 죽었다는 말도 없죠. 그렇다면 이 이야기는 후세 사람들이 만든 감동 연출일지도 몰라요. 그럼에도 불구하고 마라톤은 누구보다 멀리, 누구보다 뜨겁게 달리는 사람들의 의지와 도전정신을 상징하는 경기로 자리 잡았어요.

올림픽 경기 종목 중에서도 마라톤은 특별한 위치를 차지해요. 대회 가장 마지막, 폐막식 직전에 열리는 경기이기 때문이에요. 그래서 사람들은 마라톤을 올림픽의 꽃이라고 부르죠. 달리는 내내 혼자와 싸우고, 끝까지 포기하지 않는 마음이 가장 중요해요. 그래서 마라톤은 인간의 몸과 마음이 어디까지 버틸 수 있는지, 그 한계를 시험하는 종목이에요.

2023년, 미국 보스턴에서 열린 마라톤 대회에서 믿기 힘든 기록이 등장했어요! 케냐의 켈빈 킵툼 선수가 2시간 0분 35초에 마라톤(42.195km)을 완주하며 세계 신기록을 세운 거예요. 이 기록이 얼마나 대단한지 아세요? 킵툼 선수는 1km를 약 2분 51초에 달렸고, 100m당 약 17초에 해당하는 속도였어요. 쉽게 말하면, 우리가 전력 질주해야 나올까 말까 한 속도를 42km 내내 유지한 거예요! 평균 시속으로 계산하면 약 21.0km/h 정도예요.

1936년 베를린 올림픽 마라톤에서 일본 이름 '손 기테이'로 출전한 한국인 손기정 선수가 금메달을 획득한 모습
출처: Japanese/German press at the 1936 Summer Olympics in Berlin

많은 전문가들이 "2시간 안에 마라톤 완주는 불가능해"라고 했지만, 킵툼 선수의 기록은 그 벽을 거의 무너뜨렸어요. 마치 100m 달리기에서 우사인 볼트가 세운 전설적인 기록처럼 말이에요. 물론 '기술 도핑' 논란도 있었지만, 공식 세계 신기록으로 인정받았어요.

한국에서 마라톤 하면 떠오르는 이름은 바로 이봉주 선수예요! 2000년 도쿄국제마라톤에서 2시간 7분 20초라는 기록을 세웠고, 이 기록은 20년이 지나도 깨지지 않고 있어요. 정말 놀랍죠? 하지만 한국 사람들이 마라톤을 특별하게 생각하는 진짜 이유는 따로 있어요. 그건 바로 한 명의 전설적인 선수 때문이에요.

1936년 베를린올림픽에서 손기정 선수는 마라톤에서 세계 신기록을 세우며 금메달을 따냈어요. 그는 한국인 최초의 올림픽 금메달리스트였어요! 하지만 그 순간 그는 웃지 못했어요. 당시 한국은 일제 강점기였고, 손기정 선수는 일본 국가대표로 출전해야 했거든요. 일본식 이름인 손 기테이라는 이름을 쓰고, 가슴엔 일장기가 붙어 있었어요. **그는 시상대에 올라가기 전 꽃다발로 가슴의 일장기를 가리고 올라섰어요. 그 사진이 전 세계에 퍼졌고, 많은 사람들의 가슴을 아프게 했어요. 그날 이후 마라톤은 한국 사람들에게 단순한 스포츠가 아닌 '역사'가 되었어요.**

마라톤은 단순히 가장 오래 달리는 경기보다 더 깊은 의미를 가진 스포츠예요. 한 사람의 전설적인 도전, 한 나라의 역사, 선수들의 땀과 인내가 모두 모여 만들어지는 특별한 무대죠. 기록 경쟁을 넘어 인간이 어디까지 자신을 밀어붙일 수 있는지 보여 주는 상징이기도 해요. 그래서 마라톤을 볼 때는 누가 먼저 결승선을 통과하는지만 보지 말고, 그 안에 담긴 이야기와 의미를 함께 떠올려 보면 더 큰 감동을 느낄 수 있어요. 올림픽 한가운데에서 마라톤이 오랫동안 사랑받는 이유도 바로 여기에 있어요.

변화하는 스포츠, 변하지 않는 열정

ROUND 8

스포츠가 환경을 파괴한다고?

우리나라 1호 국립공원이 어디인지 아세요? 바로 전라남도 구례에 있는 지리산 국립공원이에요. 사실 이 공원에는 특별한 이야기가 숨어 있어요. 1963년쯤 도벌꾼들이 지리산에 들어와 나무를 마구 베어 갔대요. 그 탓에 산은 점점 헐벗고 망가지기 시작했죠. 이 모습을 본 구례 사람들은 가만있지 않았어요. '우리 지리산이 국립공원이 되면 법으로 지킬 수 있지 않을까?'라는 생각에 무려 만 가정이 돈을 모아 힘을 보탰대요. 그렇게 해서 이듬해인 1964년 12월 지리산은 우리나라 첫 국립공원으로 지정될 수 있었어요. 사람들의 의로운 행동 덕분에 지리산은 지켜질 수 있었고, 숲이 다시 울창해져 아름다운 모습을 되찾게 되었어요.

그런데 최근에 지리산 국립공원의 모습은, 마치 예전에 도벌꾼이 나타났을 때처럼 다시 황폐해진 듯 보여 사람들을 놀라게 했어요. 혹시 1960년대처럼 도벌꾼이 다시 돌아온 걸까요? 사실은 그렇지 않아요. 놀랍게도 그 이유는 우리가 잘 아는 스포츠인 '골프' 때문이었어요. 여러분은 골프라고 하면 어떤 모습이 떠오르나요? 아마 푸른 잔디밭 위에서 공을 치며 자연과 함께하는 모습일 거예요. 그래서 골프는 흔히 자연 속에서 즐기는 생태형 스포츠라고 불리기도 해요. 하지면 요즘에는 자연을 즈금만 다듬는 수준을 넘어서, 경제적 이익을 위해 산과 숲을 통째로 밀어내고 골프장을 짓는 경우가 많다고 해요. 그렇다면 이런 골프를 여전히 '생태형 스포츠'라고 부를 수 있을까요?

골프뿐만이 아니에요. 스키, 래프팅, 낚시, 승마 같은 여러 스포츠도 자연과 함께하는 스포츠라고 여겨지지만, 실제로는 자연을 해치기도 해요. 그렇다고 이런 스포츠를 다 없애야 할까요? 사실 우리는 이미 산과 강, 들판을 조금씩 바꿔 가면서 다양한 스포츠를 즐기고 있고 많은 사람들이 여전히 자연 속에서 뛰어놀고 싶어 해요. 중요한 건 자연을 해치느냐, 아니면 함께 살아가느냐의 차이에요.

이 문제를 해결하기 위해 여러 나라에서는 다양한 노력을 하고 있어요. 스웨덴과 노르웨이에서는 스키장을 만들 때 숲을 훼손하지 않도록 엄격하게 규제를 두고, 운영이 끝나면 다시 숲을 복원하는 프로그램을 운영해요. 뉴질랜드에서는 낚시할 때 작은 물고기는 반드시 놓아주도록 법을 정해 두었답니다. 이런 사례들을 보면, 우리도 자연을 지키면서 스포츠를 즐길 방법을 충분히 찾아낼 수 있을 것 같지 않나요?

얼마 전 공원에서 달리기를 하는 사람을 봤어요. 그 사람은 달

지구를 위한 작은 습관 플로깅

리다가 힘이 들었는지 초코바를 꺼내 먹더니, 아무렇지 않게 그 껍질을 땅에 버렸어요. 그런데 조금 뒤에 다른 사람이 쓰레기봉투와 집게를 들고 달리면서 자연스럽게 그 쓰레기를 주워 담더라고요. 이렇게 **달리면서 쓰레기를 줍는 운동을 '플로깅'**이라고 해요. 똑같은 조깅인데도, 누군가는 자연을 더럽히고 누군가는 자연을 깨끗하게 만드는 모습이 참 인상 깊었어요.

그 장면을 보면서 스포츠가 단순한 운동을 넘어, 우리가 자연을 어떻게 대하느냐를 보여 주는 거울 같다는 생각이 들었어요. 꼭 거창한 일이 아니어도 좋아요. 조깅할 때 봉투 하나 들고 다니면서 보이는 쓰레기를 조금씩 담아 보는 건 어떨까요? 산책할 때

풀이나 꽃을 꺾지 않고 있는 그대로 바라보는 것만으로도 자연을 아끼는 충분히 멋진 행동이에요. 여러분은 어떤 방식으로 스포츠와 자연이 함께 살아갈 수 있을지 생각해 봤나요? 우리 모두 앞으로도 계속 고민해 보고, 조금씩이라도 실천해 보면 좋겠어요.

앞으로 체육 교과서에도 '생태스포츠'라는 개념이 새로 들어간다고 해요. 하지만 아직 기준은 분명하지 않아요. 플로깅이나 하이킹처럼 환경을 해치지 않으면서 사람에게도 좋은 스포츠가 있는가 하면, 골프나 스키처럼 사람에게 유익하지만 자연을 크게 훼손하는 스포츠도 있으니까요. 특히 낚시와 승마는 논란이 많아요. 낚시는 물고기를 잡았다 다시 놓아줘도 낚싯줄에 걸리는 과정에서 물고기가 상처를 입거나 큰 고통을 겪을 수 있다는 이유로 이번 교과서에서는 생태스포츠로 다루지 않기로 했어요. 반대로 승마는 말과 교감을 나누며 함께 달리는 교육적 의미가 인정돼 포함됐다고 해요.

이런 기준이나 생각은 앞으로 또 바뀔지도 몰라요. 여러분은 어떻게 생각하나요? 무엇이 옳다고 생각하고, 어떤 태도로 스포츠를 즐겨야 한다고 생각하나요? 스포츠와 자연이 함께 살아갈 수 있는 길을 우리 모두 함께 고민해 보면 좋겠습니다.

로봇과 스포츠의 만남

"앞으로 축구장에서 선수 대신 로봇이 뛰는 모습을 보게 된다면 어떨까요?"

예전에는 상상 속 이야기로만 여겨졌던 장면이 이제는 점점 현실이 되고 있어요. 요즘 스포츠 경기를 보면 선수들이 뛰고 던지고 치는 모습만 보이는 게 아니라 로봇과 인공지능, 첨단 기술이 곳곳에서 활약하고 있답니다. 예전에는 선수의 열정과 체력, 경험이 전부였다면, 이제는 과학기술이 경기를 새롭게 바꾸고 있는 거죠.

훈련 현장만 봐도 달라요. **공을 던져 주는 로봇, 서브를 받아 내는 로봇, 자세를 분석해 주는 로봇까지 등장했어요. 심판의 눈을 대신해 공이 라인을 벗어났는지 판정해 주는 로봇심판도 활약 중이에요.** 덕분에 오심이 줄어들고 경기는 훨씬 공정해졌죠. 이런 변화는 이미 우리 주변 스포츠에서도 확인할 수 있어요.

테니스에서는 '호크아이Hawk-Eye' 시스템이 쓰이고 있어요. 여러 대의 고속 카메라가 공의 낙하 지점을 실시간으로 계산해 심판보다 더 정확하게 판정해 주죠. 세계적인 대회에서는 필수 장비가 되었어요. 야구에서는 일본 프로야구 일부 팀이 '피칭 로봇'을 활용해요. 사람처럼 다양한 구질을 던질 수 있고, 지치지 않아 반복 훈련에 최적이에요. 타자들은 정해진 코스로 정확하게 날아오는 공을 치면서 더 효과적인 타격을 할 수 있죠. 축구도 예외가 아니에요. 독일 분데스리가에서 처음으로 프리킥 훈련용 '로봇 벽'을 사용했어요. 선수의 슈팅 방향에 따라 움직이거나 점프하며 실제 경기 같은 상황을 만들어 주지요. 또 GPS로 선수들의 움직임을 추적해 체력 소모, 거리, 속도까지 실시간으로 분석할 수 있어 훈련과 전략에 큰 도움이 되고 있어요.

이처럼 로봇과 기술이 스포츠를 바꾸는 일은 더 이상 미래 이야기가 아니라 지금 우리 눈앞에서 벌어지고 있는 현실이에요. 그 변화가 극적으로 드러난 순간이 바로 2025년 4월, 중국 베이징에서 열렸던 세계 최초의 '휴머노이드 로봇 하프 마라톤'이에요. 사람처럼 생긴 로봇들이 무려 21.0975km를 스스로 달린 거예요. 총 21대의 로봇이 출전했고 그중 '텐궁 울트라'라는 로봇은 시속 12km로 달려 2시간 40분 42초 만에 결승선을 통과했어요. 경사로와 급커브를 스스로 판단하고, 25만 번이 넘는 관절 움직임을 조절하며 완주했다니 놀랍지 않나요? 물론 도중에 멈추거나 배터리를 교체하지 못해 중도 탈락한 로봇도 있었지만, 이 대회는 로봇 기술의 가능성을 세상에 각인시킨 역사적인 순간이었어요.

앞으로의 스포츠는 더 큰 변화를 맞이할 거예요. 로봇이 심판을 보고, 훈련을 돕고, 관중에게 재미를 주는 시대는 이미 시작됐어요. 언젠가는 로봇이 축구를 하거나 로봇 격투기가 인기 종목이 될 수 있겠죠. 더 나아가 인간과 로봇이 같은 팀이 되어 경기에 나서는 모습도 상상할 수 있어요.

하지만 이런 발전이 무조건 반가운 것만은 아니에요. 지나친 기술 의존은 스포츠가 가진 감동, 열정, 인간적인 매력을 잃게 만들 수도 있어요. 또 값비싼 장비 때문에 일부 가난한 국가나 선수들이 소외될 위험도 있어요. 그래서 **기술은 스포츠 '대신하는 것'이 아니라, '도와주는 것'이 되어야 해요. 스포츠의 본질인 공정한 경쟁과 인간의 도전 정신을 지켜야 하는 거죠.**

앞으로의 스포츠는 신체 능력만 겨루는 시대를 넘어, 기술과 창의력, 협력과 전략이 함께 어우러지는 시대로 나아갈 거예요. 그리고 그 중심에는 바로 우리가 기술을 어떻게 사용하느냐가 있답니다. 이제는 이런 질문을 던져야 해요.

"나는 어떤 스포츠의 미래를 만들고 싶을까?" 그리고 그 미래 속에서 로봇과 나란히 뛰고 있는 내 모습도 상상해 볼 수 있겠죠?

엘리트 체육, 계속 이렇게 가도 될까?

여러분, 혹시 '엘리트 운동선수'라는 말을 들어 본 적이 있나요? 학교 운동부에 속해 전문 선수로 성장하려는 친구들, 또는 지역 스포츠클럽에서 훈련하며 운동선수의 길을 준비하는 친구들을 본 적 있을 거예요. 이렇게 전문 선수가 되기 위해 체계적으로 훈련하는 친구들을 엘리트 운동선수, 그리고 이러한 방식으로 선수들을 키우는 제도를 엘리트 체육이라고 불러요.

엘리트 체육은 올림픽이나 아시안게임 같은 국제 대회에서 메달을 딸 수 있는 우수 선수를 국가가 집중적으로 양성하는 제도예요. 우리나라는 국가 주도형(탑다운) 방식으로 운영되기 때문에 학교나 협회가 선수를 선발하고, 훈련비·시설·코치·전지훈련 등 다양한 자원을 적극적으로 지원해요. 이렇게 많은 자원을 투자하는 이유는 분명해요. 국제 무대에서 좋은 성적을 거둬 대한민국의 위상을 높이기 위해서죠. 이를 흔히 '국위선양'이라고 해요.

우리나라가 엘리트 체육에 본격적으로 힘을 쏟기 시작한 시기는 1980년대, 특히 1988년 서울 하계올림픽을 앞두고였어요. 당시 대한민국은 빠른 경제성장과 함께 국제사회에서의 위상 강화가 중요한 목표였고, 올림픽에서의 성과는 '강한 나라'의 상징처럼 여겨졌어요. 정부의 집중적인 투자 덕분에 우리는 실제로 서울 올림픽에서 종합 4위를 차지했고, 이는 엘리트 체육에 대한 국민적 지지로 이어졌죠.

하지만 최근에는 상황이 달라지고 있어요. 청년 취업난, 고령화 문제 등 사회적 과제가 늘어나면서 "엘리트 체육에 계속 많은 예산을 투입하는 것이 맞을까?"라는 질문이 자연스럽게 등장하고 있어요. "세금으로 특정 선수에게 특혜를 주는 것은 공정한가?" "선수 개인의 성취를 국가 위상과 직접 연결 짓는 것이 맞는가?" 하는 의문도 제기되고 있어요. 사회가 다양해지고 국민의 관심이 변하면서 국가가 한 분야에 집중적으로 투자해 온 방식에 대해 다시 생각해 보게 된 것이죠. 이제 사람들은 단순히 메달 수보다 '국가적 투자 대비 효율'을 함께 고려하기 시작했어요. 선수들 역시 운동만 바라보며 살기 어려운 시대가 되었고, 진학·취업·은퇴 후 진로까지 함께 고민해야 해요.

이런 흐름 속에서 많은 나라가 엘리트 체육 운영 방식을 바꾸고 있어요. 대표적인 사례가 독일이에요. 2018년 평창 동계올림픽에서 독일은 종합 2위를 차지했는데, 그 배경이 독특해요. 출전 선수 156명 중 무려 117명이 군인, 경찰, 세관 공무원 신분이었다는 점이에요. 독일에는 군대·경찰·세관 등 국가 기관 안에 '스포츠 지원 부대'가 있어서, 선수들이 군인이나 경찰 신분을 유지하면서 동시에 훈련할 수 있는 구조가 갖춰져 있어요. 이들은 국가 기관의 직원으로서 월급을 받으며, 근무 시간 안에 훈련과 시합 준비를 할 수 있어요. 은퇴 후에도 공무원으로 계속 근무할 수 있기 때문에 '선수 생활이 끝나면 생계는 어떻게 하지?'라는 고민을 크게 덜 수 있죠.

일본의 경우는 조금 달라요. 일본은 기업과 협력해 선수를 키우는 체계를 갖추고 있어요. '기업 팀'이라고 불리는 팀에 소속된 선수들은 스폰서를 받는 수준이 아니라 실제로 해당 기업의 직원이에요. 오전에는 훈련을 하고, 오후에는 회사 업무나 행사 지원 등을 하며 '직장인 + 운동선수'의 이중 역할을 수행해요. 현역일 때는 기업의 지원을 받고, 은퇴 후에는 회사의 일반 직원으로 계속 일하는 경우도 흔하죠. 즉 일본은 기업과 스포츠를 연결해 선수의 '제2의 삶'까지 함께 설계하는 시스템을 만든 것이죠.

반면 우리나라의 실업팀 선수들은 해당 기관의 '직원'이 아니라 계약직 선수에 가까워요. 운동은 전문적으로 할 수 있지만, 은퇴 후의 미래가 보장되지 않는 구조예요. 독일과 일본처럼 직업 안정성과 은퇴 후 경력 설계를 동시에 보장하는 시스템과는 차이가 있어요.

독일과 일본의 방식은 여러 장점이 있어요. 첫째, 선수의 생활 안정성이 높아져 경기력 스트레스를 줄일 수 있어요. 둘째, 국가 예산을 엘리트 체육에만 집중하지 않고 사회적 일자리와 연계함으로써 더 지속 가능한 시스템을 만들 수 있어요. 셋째, 은퇴 이후에도 사회에 자연스럽게 적응할 수 있어 선수 개인의 삶 전체가 안정돼요. 이러한 방식은 단순히 메달을 위한 시스템이 아니라, 선수와 사회 모두의 지속 가능한 미래를 고려한 엘리트 체육 모델이라고 볼 수 있어요.

앞으로 우리나라는 어떤 방향으로 나아가야 할까요? 지금처럼 올림픽 메달을 목표로 하는 집중 육성을 계속해야 할까요? 아니면 독일과 일본처럼 일과 운동을 병행하며 선수의 미래까지 고려하는 시스템을 만들어야 할까요? 엘리트 체육은 단순히 경기력만의 문제가 아니라 선수의 삶, 국가 예산의 효율성, 사회적 가치까지 함께 고민해야 하는 복합적 과제죠. 앞으로 대한민국 스포츠가 어떤 미래를 선택할지, 우리 모두 함께 생각해 보아야 할 시점이에요.

스포츠 팬덤 이야기
당신의 열정을 응원 문화로
이어 가는 법!

2022년 겨울, 한국이 카타르 월드컵에서 포르투갈을 이기던 날, 많은 사람들이 거리에서 한마음으로 "대한민국!"을 외쳤어요. 어떤 팬은 눈물을 흘리며 기뻐했고, 친구들끼리 부둥켜안고 환호했죠. 바로 이런 모습이 '스포츠 팬덤 문화'예요. 스포츠 팬덤은 좋아하는 팀이나 선수를 응원하고, 경기장에 가거나 응원 영상을 만들며 열정을 나누는 문화를 뜻해요. 대한민국에는 축구 국가대표팀을 응원하는 '붉은 악마'라는 팬들이 있어요. 이들은 빨간 옷을 입고 거리에 모여서 큰 목소리로 함께 응원하죠. 야구 팬들은 자신이 좋아하는 팀의 유니폼을 입고 경기장에 가서 치어리더와 함께 응원가를 부르며 열기를 더해요. 세계의 다양한 스포츠 팬덤 문화에는 어떤 게 있을까요?

대한민국 축구대표팀 붉은 악마 팬덤

이들은 빨간 티셔츠를 입고, 거리 응원이나 경기장 응원을 통해 하나

"

의 커다란 '붉은 물결'을 만들어 내요. 응원 규모가 커지면서 거리 응원 구역 주변에 펜스를 세우는 등 행정적인 지원을 하기도 해요. 월드컵 응원 티셔츠, 용품 등 수많은 굿즈들을 일반 시민들도 구입할 수 있게 되어 팬덤 참여 방식이 더 확대되고 있어요.

NBA 시카고 불스 마이클 조던 팬덤

1990년대, '농구 황제'라 불린 마이클 조던은 미국뿐만 아니라 전 세계적으로 엄청난 인기를 끌었어요. 조던의 경기를 보기 위해 새벽에도 TV를 켜는 팬들이 많았고, 조던 농구화는 지금까지도 '레전드 운동화'로 인기를 끌고 있죠. 조던과 나이키가 1984년 계약을 맺은 후, 1985년 첫 Air Jordan 1이 출시되었고, 이 신발은 단순한 농구화가 아닌 문화 아이콘이 되었어요. 또한 조던의 경력과 이미지는 사람들에게 "농구의 신"이라는 상징으로 남아 있어, 단순한 스포츠 팬덤 그 이상을 나타내요.

일본 피겨스케이팅 하뉴 유즈루 팬덤

일본의 피겨스케이팅 선수 하뉴 유즈루는 부드러운 연기와 따뜻한 성격으로 전 세계에서 많은 사랑을 받는 선수예요. 팬들은 경기 후 하뉴에게 곰 인형을 던져 주는 독특한 응원 문화도 만들었어요.

영국 프리미어리그 리버풀 FC 팬덤

영국 축구 리그에서는 리버풀의 팬들이 아주 유명해요. "You'll Never Walk Alone(넌 혼자가 아니야)"라는 노래를 경기 전에 다 함께 부르며 팀에 대한 사랑을 표현하죠. 이 노래는 응원이자 서로에게 전하는 위로이기도 해요.

미국 여자 축구 USWNT 팬덤

미국 여자 축구 대표팀은 세계 최강이자 팬층도 탄탄해요. 어린 여자 선수들에게는 '꿈의 팀'으로 여겨지며, 알렉스 모건과 같은 선수들은 팬들에게 영웅처럼 존경받고 있어요. 팬들은 경기장마다 다양한 피켓과 유니폼을 입고 열정적으로 응원해요.

e스포츠 리그 오브 레전드LoL T1 팬덤

전통 스포츠뿐 아니라 e스포츠에도 팬덤 문화가 있어요. 한국의 'T1'은 전 세계 LoL 팬들 사이에서 전설 같은 팀이에요. 특히 '페이커' 선수는 경기장에 들어서기만 해도 팬들의 환호성이 엄청나요. T1 팬들은 굿즈를 모으고, 팬아트를 만들고, 응원 메시지를 영상으로 만들기도 해요.

　이처럼 스포츠 팬덤은 전 세계에서 다양한 모습으로 존재하고 있어요. 좋아하는 선수를 향한 마음, 함께 응원하는 즐거움은 나라와 종목을 넘어 모두가 느낄 수 있는 감정이에요. 하지만 너무 열정이 앞서 상대 팀을 무시하거나 지나치게 경쟁적으로 행동하는 건 좋지 않아요. 멋진 팬이라면, 예의와 존중도 함께 챙겨야 해요. 여러분은 어떤 스포츠나 선수를 좋아하나요?

운동장엔
없던
스포츠
이야기

축구, 농구, 야구
뭐가 더 힘들까?

어떤 스포츠가 더 힘든지는 늘 사람들 사이에서 흥미로운 논쟁거리예요. TV 예능 프로그램에 축구, 농구, 야구 선수가 함께 나와서 "우리 종목이 더 힘들어!" 하고 장난처럼 티격태격하는 모습을 보면 웃기기도 하지만, 그만큼 각자의 운동 종목에 대한 자부심이 크다는 걸 느낄 수 있죠. 많은 사람들이 겉으로만 보고 "이건 덜 힘들겠다"라고 판단하기도 해요. 하지만 실제로는 모든 종목마다 힘든 방식과 요구되는 능력이 달라서 단순 비교는 어려워요. 이번 글에서는 축구, 농구, 야구 각각의 특징과 어려움, 그리고 선수들이 겪는 고충을 자세히 살펴볼게요.

먼저 축구를 보면, 축구는 경기장이 정말 넓어요. 한 경기가 약 90분 동안 진행되며, 이 시간 동안 선수들은 계속 뛰거나 걸어야 하죠. 실제로 한 선수가 한 경기에서 10km 이상을 달리기도 하고, 순간적으로 빠른 속도로 질주해야 할 때도 많아요. 게다가 축구는 단순히 달리는 것만 필요한 게 아니라 상대와의 몸싸움, 공의 흐름에 맞춘 빠른 판단, 공격과 수비를 오가는 전환이 동시에 이루어져요.

축구는 시간 기반 경기이고, 공이 경기장 밖으로 나가도 시간이 거의 멈추지 않는 연속성 높은 스포츠이기 때문에 지구력과 체력 소모가 매우 커요. 여기에 교체 횟수가 제한적이라는 점도 특징이에요. 보통 한 팀은 5명 정도만 교체할 수 있고 교체된 선수는 다시 들어올 수 없죠. 그래서 체력 관리와 교체 타이밍이 경기 흐름에 큰 영향을 미쳐요.

농구는 경기장이 축구보다 훨씬 작지만 오히려 숨 돌릴 틈이 없어요. 경기는 보통 40분이지만 그 안에서 공격과 수비가 매우 빠르게 바뀌고, 공이 나가거나 반칙이 발생할 때마다 시간이 자주 멈추기 때문에 짧지만 고강도 템포가 반복돼요. 갑작스러운 방향 전환, 점프, 슛, 리바운드, 골대 밑 몸싸움 등 순간적인 폭발력이 자주 요구되죠.

농구의 또 다른 특징은 교체 횟수 제한이 없고 교체된 선수가 다시 경기장에 재입장할 수 있다는 점이에요. 공격에서 슈터를 넣었다가 수비 상황에서는 수비 전문 선수를 넣는 등 상황별 전략 교체가 자유롭죠. 그래서 축구처럼 오래 뛰지는 않지만 짧은 시간 안에 고강도 움직임을 반복해야 해 또 다른 방식으로 힘든 종목이에요.

야구는 축구, 농구와는 경기 흐름 자체가 달라요. 축구와 농구가 시간 기반으로 움직인다면, 야구는 이닝inning 기반 경기라 경기 시간이 고정되어 있지 않아요. 득점 상황이나 투구 수에 따라 길어지거나 짧아지며 보통 3시간 이상 진행되기도 해요. 그래서 가만히 있는 시간이 많아 덜 힘들어 보일 수 있지만, 실제로는 공이 어디로 날아올지 몰라 경기 내내 긴장을 유지해야 하죠. 타석에서는 시속 150km가 넘는 공을 몇 초 만에 판단해야 하고, 수비에서는 작은 실수 하나가 바로 실점으로 이어지기도 해요.

또한 야구 선수들은 포지션마다 반복되는 움직임이 달라서 어깨, 팔, 손목, 다리 등 특정 부위에 지속적인 부담이 쌓여요. 겉으로 드러나는 움직임은 적을 수 있지만 집중력과 순간 판단력, 그리고 반복 훈련에서 오는 신체적 피로가 상당히 큰 스포츠예요.

세 스포츠는 겉으로 보기엔 비슷해 보여도 각각 전혀 다른 방식으로 체력, 기술, 집중력을 요구해요. 결국 어떤 종목이 더 힘들다기보다 모든 스포츠는 서로 다른 방식으로 고유한 어려움과 매력을 가지고 있어요. 우리도 겉으로 보이는 것만 보고 "그건 별로 안 힘들겠다"라고 쉽게 말하기보단, 그 안에 담긴 노력과 땀을 떠올리며 모든 스포츠를 존중하면 좋겠어요.

기록의 주인은 누구일까?
사람인가, 기술인가

공상과학 영화를 보면 하늘을 나는 자동차나 자율 주행차, 사람처럼 움직이는 로봇이 등장하죠. 그런데 요즘 뉴스를 보다 보면 이런 장면이 단순한 상상이 아니라 실제로 개발되거나 이미 현실이 된 경우가 많아요. 과학기술이 그만큼 빠르게 발전하고 있다는 뜻이겠죠. 그리고 이러한 변화는 스포츠 세계에서도 뚜렷하게 나타나고 있어요.

과학기술은 선수들의 경기력 향상과 스포츠의 발전을 돕기도 하지만, 때로는 공정성 논란을 불러오기도 해요. 바로 '기술 도핑' 문제예요. **기술 도핑은 단순히 인간을 보조하는 수단을 넘어 기록과 성적에 직접적인 영향을 주어 스포츠의 본질을 흔드는 상황을 말해요. 노력의 차이가 아니라 장비의 차이가 성적을 가른다면 과연 스포츠라고 할 수 있을까요?** 이제 몇 가지 대표적인 사례를 살펴볼게요.

먼저, 화제가 됐던 나이키의 자외선 차단 렌즈예요. 마치 만화 '나루토'에 나오는 사륜안처럼 생긴 이 렌즈는 눈부신 햇빛을 막아 주고, 빠르게 움직이는 물체를 더 잘 보이게 해 줬어요. 덕분에 야구나 미식축구 선수, 심지어 실내 농구나 배드민턴 선수도 유용하게 쓸 수 있었죠. 하지만 시야를 크게 개선해 주는 만큼 다른 선수와의 공정한 조건을 해친다고 판단돼 결국 기술 도핑으로 금지되어 지금은 찾아볼 수 없게 되었답니다.

또 2009년 로마 세계수영선수권대회에서는 단기간에 40개가 넘는 세계 신기록이 쏟아졌어요. 그 비밀은 바로 전신 수영복이었죠. 이 수영복은 근육을 압박해 몸의 떨림을 줄이고, 물 저항을 최소화하며, 물에 더 잘 뜨게 해 선수들을 훨씬 빠르게 만들어 줬어요. 2008년 베이징 하계올림픽에서 8관왕에 오른 마이클 펠프스는 "이 수영복을 입고 물에 들어가면 마치 로켓이 된 기분"이라고 할 정도였죠. 결국 경기는 인간의 한계 도전이 아니라 수영복 경쟁으로 변했고, 국제수영연맹은 2010년부터 전신 수영복을 금지하고 남자는 허리부터 무릎까지, 여자는 어깨부터 무릎까지만 오는 수영복만 허용하게 됐어요.

최근에는 러닝을 즐기는 사람이 정말 많아졌어요. 공원이나 강변에서 달리는 사람들을 쉽게 볼 수 있죠. 그만큼 달리기용 운동화에도 관심이 커지면서 마라톤에서 쓰였던 탄소 플레이트가 들어간 신발이 이제는 일반 러너들 사이에서도 인기예요. 이런 신발은 착지할 때 튕겨 나가는 반발력이 좋아서 덜 힘들고, 더 빠르게 뛸 수 있게 도와준다고 해요. 하지만 한편에서는 "이게 과연 내 다리가 낸 기록일까, 신발이 낸 기록일까?"라는 말도 나와요.

실제로 마라톤에서 이런 운동화가 처음 등장했을 때는 '기술 도핑' 논란이 크게 일었죠. 지금은 일정 기준 안에서만 허용되지만, 여전히 사람들의 기록이 어디까지가 노력이고 어디서부터가 기술의 도움인지 헷갈리게 만들기도 한답니다.

이처럼 기술 도핑은 공정성을 무너뜨려 결국 선수의 노력과 성취를 제대로 평가할 수 없게 만들어요. 만약 여러분이 100m 달리기를 위해 열심히 훈련했는데, 단 한 번도 연습하지 않은 상대가 로봇 다리를 달고 나와 훨씬 빨리 달린다면 얼마나 억울할까요? **스포츠의 중심에는 언제나 사람이 있기에, 인간의 한계에 도전하는 모습이 감동을 주는 이유이기도 합니다.**

물론 과학기술이 스포츠에서 긍정적으로 작용하는 경우도 많아요. 선수들의 몸에 센서나 웨어러블 기기를 달아 심박수, 호흡량, 근육 움직임을 세밀하게 분석하면 훨씬 더 효과적이고 효율적인 훈련을 할 수 있어요. 각 선수에게 꼭 맞는 훈련 프로그램을 만들 수도 있죠. 또 경기에서 쏟아지는 수많은 데이터를 분석해 상대 팀의 패턴을 읽고 전략을 세우기도 하고요. 카메라 기술과 AI가 발전하면서 FIFA가 도입한 VAR 판독처럼 공정성을 더해 주는 시스템도 만들어졌어요. 뿐만 아니라 부상을 줄이고, 스포츠를 더 박진감 있게 만들어 팬들에게 더 큰 즐거움을 주기도 하죠.

결국 중요한 건 기술이 스포츠에서 사람의 한계에 도전하도록 잘 사용돼야 한다는 거예요. 기술이 너무 앞서가서 인간의 노력이 의미 없어지고, 기

계가 경기를 주도하는 상황이 되지 않도록 주의해야 해요. 어떤 사람들은 미래에 로봇이 스포츠를 하고 사람들은 구경만 하게 될 거라고 말하기도 해요. 하지만 과연 그때도 지금처럼 손흥민 선수가 그라운드에서 땀 흘리며 골을 넣을 때 느끼는 짜릿함을 똑같이 느낄 수 있을까요? 2016년 이세돌 9단과 인공지능 알파고의 대결에서 우리가 이세돌을 더 응원했던 이유도 결국 인간이 한계에 맞서 도전하는 모습이 우리에게 더 큰 감동을 주기 때문일 거예요.

8

변화하는
스포츠,
변하지 않는
열정

운동과 영양, 단백질 섭취는 무조건 옳을까?

단백질은 피부, 뼈, 근육 등 세포 및 조직을 형성하는 데 중요한 역할을 하고, 효소 및 호르몬으로 작용하여 신체의 다양한 생리적 기능에 큰 역할을 하기 때문에 적당량의 섭취는 필수적이에요.

최근 건강과 미용 목적으로 운동하는 인구가 크게 늘고 있는데, 단백질 섭취가 무조건 옳다는 인식이 증대되고 있어요. 그런데 과연 단백질 섭취는 무조건 옳을까요?

우리는 운동을 잘하고 건강한 삶을 살아가기 위해서 근육량을 늘리고자 노력해요. 그러나 많은 사람들이 근육은 대부분 단백질로 이루어져 있고, 운동 후 단백질 섭취가 손상된 근육의 복구를 돕고 새로운 근육을 생성하는 데 중요한 요소로 작용한다고 생각하여 단백질 섭취가 무조건 옳다고 생각하기도 해요.

하지만 단백질을 과잉 섭취한다고 해서 더 많은 근육이 생기는 것은 아니에요. 과도한 단백질 섭취는 다음과 같이 다양한 문제

를 일으키기도 해요.

첫째, 과도한 단백질은 신장에 큰 부담을 줄 수 있어요. 특히 신장이 약한 사람이나 신장 질환이 있는 사람에게는 더 큰 문제를 일으킬 수 있어요. 단백질이 분해되는 과정에서는 질소와 같은 노폐물이 발생하게 되는데 신장은 이 노폐물을 여과하는 역할을 해요. 따라서 단백질을 과잉 섭취하게 되면 신장이 더 많은 노폐물을 배출해야 하므로 많은 부담을 느끼게 된답니다.

둘째, 지나친 단백질 섭취는 질소뿐만 아니라 체내의 칼슘 농도와 산성도를 증가시켜요. 신장에서의 과도한 칼슘과 높은 산성도는 결석(신장이나 요로, 소변이 지나가는 길에 칼슘 등 무기질이 뭉

처 돌처럼 굳어진 것으로 심한 통증을 유발할 수 있는 질환)이 형성되기 좋은 환경을 조성해요. 결석의 예방을 위해서는 지나친 단백질 섭취를 주의하고, 충분한 수분 섭취를 통해 칼슘이 잘 배출되도록 도와야 해요.

셋째, 소화기관에 문제를 일으켜요. 고단백 식단은 장에 해로운 세균을 증가시킬 수 있으며, 이로 인해 소화 불량과 복부 팽만감 등 문제를 일으키기도 해요. 단백질은 두 가지로 나눌 수 있는데, 동물성 단백질보다는 식물성 단백질에 섬유질이 다량 함유되어 있어 장 건강에 도움을 줄 수 있어요.

넷째, 단백질이 에너지원으로 사용되는 비율은 낮지만, 필요한 곳에 사용되고 남은 경우 지방으로 전환되어 저장돼요. 단백질은 탄수화물과 동일하게 신체에 1g당 4kcal의 에너지를 제공합니다. 즉, 과도하게 단백질을 섭취하면 에너지 과잉이 발생하여 과도한 지방 축적으로 건강을 해칠 수 있다는 거예요.

어떻게 하면 과도한 단백질 섭취를 막고 건강한 영양 습관을 실천할 수 있을까요? 일반적으로 건강한 성인의 경우 체중 1kg당 하루 0.8g의 단백질 섭취가 권장되며, 운동을 많이 하는 사람은 근육의 회복과 성장을 돕기 위해 더 많은 단백질이 요구되어 체중 1kg당 하루 1.2~2.0g의 단백질 섭취가 권장돼요. 예를 들어 체중이 70kg인 운동선수는 하루 84g~140g의 단백질을 섭취하면 된다는 거예요.

단백질은 우리 몸을 이루는 필수 영양소이지만, 많이 먹는다고 좋은 것은 아니에요. 단백질은 필요한 만큼 섭취했을 때 가장 큰 효과를 발휘하며, 과도하게 먹으면 신장에 부담을 주고 결석, 소화 문제, 지방 축적 등 오히려 건강을 해칠 수 있어요.

따라서 단백질 섭취는 '무조건 많이'가 아니라 내 몸과 활동량에 맞게 적정량을 지키는 것이 가장 중요해요. 규칙적인 운동, 균형 잡힌 식단, 충분한 수분 섭취와 함께 자신에게 맞는 단백질 섭취 기준을 지킨다면, 건강하게 몸을 만들고 운동 효과도 더욱 높일 수 있을 거예요. 결국 건강을 지키는 길은 '과유불급' 즉, 적당함을 지키는 것이에요.

미주

1   김병준,《스포츠심리학의 정석》, 레인보우북스, 2021, p. 415.

2   • 권세창, 김진구, 김유진. (2021). 전통적 운동 심상 패러다임을 통해 육
    상트랙을 반시계 방향으로 뛸 때의 특정적 뇌 활성화: fMRI 연구. 한
    국여성체육학회지, 35(2), 65-76.
    • 권세창, 김진구, 김유진. (2020). 심상으로 운동장을 반시계 방향으로
    돌 때의 정서변화: 대뇌반구의 비대칭적 활성화에 관한 탐색적 연구.
    한국체육학회지, 59(3), 115-127.

3   Damas, F., Libardi, C. A., & Ugrinowitsch, C. (2018). The
    development of skeletal muscle hypertrophy through resistance
    training: The role of muscle damage and muscle protein synthesis.
    European Journal of Applied Physiology, 118(3), 485-500.

4   • Lau, W. Y., Kato, H., & Nosaka, K. (2021). Effect of oral rehydration
    solution versus spring water intake during exercise in the heat
    on muscle cramp susceptibility of young men. Journal of the
    International Society of Sports Nutrition, 18, Article 22. https://doi.
    org/10.1186/s12970-021-00414-8
    • Powers, Scott K., Edward T. Howley, and John Quindry,《파워 운
    동생리학》제12판, 사이플러스, 2025.

5   Blanchfield, A. W., Hardy, J., de Morree, H. M., Staiano, W., &
    Marcora, S. M. (2014). Talking yourself out of exhaustion: The
    effects of self-talk on endurance performance. Medicine & Science
    in Sports & Exercise, 46(5), 998-1007

6   Rudi, N., Olivares, M., & Shetty, A. (2020). Ordering sequential
    competitions to reduce order relevance: Soccer penalty shootouts.
    PLOS ONE, 15(12), Article e0243786.

7   https://doi.org/10.1016/S0140-6736(25)00355-1

8   https://www.dongascience.com/ko/news/74751

9   https://m.koreaherald.com/article/10377618?utm_source=perplexity

운동장엔
없던
스포츠
이야기